お金が勝手に貯まってしまう

最高の家計

米国公認会計士／
パーソナル・ファイナンシャル・スペシャリスト
岩崎淳子
Iwasaki Junko (CPA / PFS)

ダイヤモンド社

担当編集より（お金のことなんて考えたくないあなたへ）

みなさん、お金はほしいですか？

「はい！　もらえるならもちろん!!」――僕はそう答えます。

しかし、「どれくらいお金が好きか」と聞かれると、じつはあまり自信がありません。もちろん給料が上がったりボーナスが多めに出たりすれば、しばらくはホクホクした気持ちになりますし、これまで編集者として経済やファイナンスに関する本もいくつか手がけてきました。

現在の年齢は36歳で、家には妻と2人の息子（5歳と3歳）がいますから、まだまだこれからたくさんのお金が必要になりそうです。そういう意味で、お金にまったく興味がないわけではないのだと思います。

一方で、世の中には「ほんとうにお金が大好きな人」がいます。

いつも預金残高や株価チャートとにらめっこしている人、残業代を稼いで給料を増やしたい人、不動産で副収入を得ている人、いち早く仮想通貨ブームに飛びついた人……。

そういう人とお話ししていると、「あ、自分はそれほどお金に愛着があるわけではないのかも……」と気づかされます。

世間の空気に流されたり、友人から年収を聞かされたり、家族が増えてきたりした結果、なんとなくお金がほしい気分になってはいるものの、べつに「お金そのもの」が好きなわけではないのです。

実際、わが家の家計管理は妻に任せっぱなしです。

「ときどき思いつきで家計に口出ししてはイヤな顔をされる」というパターンを繰り返しています。


「できれば、お金のことなんて考えずに暮らしたい」

そう思っている僕は、ちょっとヘンなのでしょうか？

いや、じつは同じ感覚をお持ちの方は、けっこういらっしゃるんじゃないかと思います。

お金以上に好きなもの・大切なものがある人は、「お金のことを考える時間」に貴重な人生の時間の一部を奪われたくないはずです。

預金残高や家計簿、相場の値動きなどを見て一喜一憂する日々を送るなんて、ほんとうにまっぴらなのだと思います。

「べつに投資で儲けたいわけじゃない。損するのは絶対イヤ……」
「投資用の不動産を買う？　そこまでのリスクは取れないなあ……」
「でも家計簿とかコツコツ節約するとかは、正直言ってダルいな……」
「……というか、いつも仕事が忙しいから、そんなヒマがないんですよ！」

「……だけど……だからって、このまま〝銀行口座にほったらかし〟でいいのかな……」

この本は、そんな気持ちが心の片隅に顔を出している人のためのお金の本です。
「お金が大好き！」というわけでは〝ない〟人のための「いちばん手堅くお金が貯まって、かつ、いちばん手間がかからない、家計のしくみづくり」の教科書です。

「そんな都合のいい話があるんですか？」

そう感じる人もいるかもしれません。本書の著者である岩崎淳子さんからお話を聞いたとき、僕もそう思いました。

アメリカでファイナンシャル・プランナーをしている彼女に言わせれば、とんでもないお金持ちでもない限り、〝ふつうの家計〟がやるべきことはたった1つ——。

「年1回以下のメンテナンスで、
自動的にお金が増えていく『システム』をつくること」

それさえやってしまえば、あとはジタバタせずに「何もしない」のがいちばんだといいます（とはいえこれは、きわめて「王道」的な方法ですから、ある種の〝飛び道具〟を期待されている方には本書はおすすめできません）。

「なんだか知りたくなってきた！」

という方は、ぜひこの先も読んでみてください。

本書は「お金から自由になるためのお金の本」ですから、この先もう二度とお金の本を読まなくてもいいように、「これ一冊で全部わかる！」ことを目指して編集しました。ぜひこの本を通じて、「ほんとうに大事なこと」に振り向ける時間を増やしていただければと思います。

さて、前口上はこれくらいにして……さっそく著者にバトンをお渡しいたしましょう。

それではどうかお楽しみください！

藤田 悠（書籍編集者）

Prologue

「最高の家計システム」をつくる

岩崎淳子

本書を手に取ってくださったみなさんは、きっと家計の将来について何か問題意識をお持ちでしょう。

担当編集の藤田さんのように、「このままでいいのかな……」という漠然とした違和感かもしれませんし、もっと具体的な悩みがある人もいるかもしれません。

「節約してるのになかなかお金が貯まらない……」

「老後の資金づくり？　何もやれていないんだけど……」

「資産運用の情報が多すぎて、何から手をつければいいのか……」

私はいま、アメリカのロサンゼルス近郊でファイナンシャル・プランナーとして活動しています。ご相談にいらっしゃるのは、日本から引っ越してきてまもない人から、長くアメリカに住んできたけれど将来的には日本に帰りたいという人まで、じつにさまざまです。先日は、こんなリクエストを受けました。

「投資信託を買いたいんだけど、ちょっと怖いので横で見ていてくれませんか？」

とても「慎重」なのに、ものすごく「無防備」……

よくよく話をお聞きすると、どの投資信託を買うかまでは決まっているが、不安なので一人で手続きをしたくないとのこと。一緒にパソコンの前に座って、口座開設の手続きや具体的な商品の購入までおつきあいしました。

とはいえ、決してその方のＩＴのリテラシーが低いというわけでもなければ、ハイリスク・ハイリターンな商品に手を出そうとしているわけでもないのです。

いったい、何がそんなに心配だったのだろうと不思議でした。

その方は、とくに臆病な性格の持ち主というわけでもなさそうで、今回の投資額をはるかに超える不動産投資物件を買っていたり、大きな保険商品を契約されたりしています。小心者の私からすれば、巨額の資金をたった1軒の不動産物件に賭けるほうがよっぽど怖いですし、途中で解約するとほぼ間違いなく損する長期保険なんて、とても恐ろしくて契約できません。

また、「これがいちばん手堅いから」という理由で、大きな額を銀行預金に置いたままにしている方もたくさんいて、ちょっともったいないなと思うことがよくあります。

「（う〜ん、それってほんとうにベストの選択なのかな……）」

私たちは家計に関して、さまざまな**選択**をしています。それらは家計のなかに結果として積もっていきます。安心のために入った保険、現物がいちばんだからと買った不動産、ギャンブル代わりの株投資、勧められるがままに購入した投資信託……。

お金の相談にいらした方とお話ししていると、怖がる必要のないことを無駄に怖がっていたり、じつはもっと心配したほうがいいことを見落としていたり、考えるのが面倒でつい放置していたりということがたくさん見つかります。

「なぜこんな優秀な人がこんな選択を!?」と驚くこともありますが、考えてみれば、日本の学校教育では家計管理について学ぶ機会はほとんどありません。

ですから、**社会人としてはとても優秀なのに、家計のこととなるとからっきし**……そんな人は決して少なくないのかもしれません。

日本人は「自分で選ぶ」のがとても苦手

……と、偉そうに語ってみたものの、何を隠そう、じつは私も家計のことでと〜っても苦労してきた一人です。

日本の大学（ドイツ語学科）を卒業してからＮＴＴに就職した私は、外資系のＩＴ企業に転職して以来、マーケティング戦略やアナリスト業務に携わってきました。

アメリカにやってきたのは２０００年。研究職をしている夫が、バージニア州の大学に転職したのがきっかけです。

アメリカに引っ越した当初、壁として立ちはだかったのが「お金」でした。使う通貨が円からドルに変わることくらいは知っていましたが、知らないシステムやルールがたくさんあったうえに、お金に関して〝決めること〟があまりにも多かったため、ほんとうに驚いてしまったのです。

アメリカ発の「サブウェイ」というサンドウィッチ屋さんをご存知でしょうか？　入ったことがある人はわかると思いますが、初めてのときはオーダーがなかなか大変です。まだ英語が大して話せないころに、私もアメリカ国内のお店に入って面食らいました。

このお店ではまず、「パンはどうしますか？」と聞かれます。白パン、九穀パン、イタリアンブレッド、イタリアン・ハーブブレッド、ハルピノブレッド……そのなかから

1つを選ばなければなりません。パンを選んでホッとしたのもつかの間、今度はチーズの種類を尋ねられます。スイス、チェダー、モントレー、アメリカン、モッツァレラ……。お次はベーコン、アボカドなどエキストラで加える食材を聞かれ、さらにはオニオン、トマトなどの野菜を選びます。

このあたりで頭が爆発しそうになってきて「もう、なんでも食べますから、テキトーにやって〜！」と叫びたくなってくるのですが……そこで追い打ちをかけるように、「ソースはどうしますか？　マヨネーズ、マスタード、ハニーマスタード……」――。

サブウェイのようなオーダーのスタイルは、個人による「選択の自由」を重んじるアメリカならではのものです。

私たち日本人はこうやって自由に選ぶことに慣れていませんから、**「自分で選んでいいですよ！」と言われると、けっこうなストレスを感じますよね**。

なお、そのとき適当に頼んだにもかかわらず、同店のサンドウィッチはとてもおいしかったですし、いまではチョイスのいらないレギュラーメニューも展開されているようですので、悪しからず……。

あなたも「一家のCFO」になろう!

話がちょっと脱線したようですが、**アメリカの家計はじつにサブウェイ的**です。

夫が大学で働きはじめると、すぐに福利厚生関連の書類が人事部からドッサリと届きました。たとえば、年金1つとっても、「確定拠出プランは大学と契約している3つの運用会社から選んでください」「運用会社を選んだら、その会社が提供している投資信託からいくつかを選んでください」「投資信託を選んだら、それぞれの配分比率を決めてください」という具合に、選択肢が次々と現れます。

これだけでもチンプンカンプンなのに、「健康保険の会社は?」「保険プランは?」「その他の福利厚生プランは?」「月々の源泉徴収額の比率は?」……と、**決めることが山のようにある**のです。

転職したての夫は本業に忙殺されていましたから、これらの膨大な手続きは、妻の私がやることになりました。言わずもがなですが、資料はすべて英語。しかも、提出期限は数週間後に控えていましたから、さあ大変です。

誰かに助けを求めようにも、日本語でわかりやすく説明してくれる保険屋さんや会計士さんが、バージニア州の小さな町にいるはずもありません。自分だけでは決めかねることもたくさんあり、「忙しいのはわかるけど、ちょっとは相談に乗ってよ！」などと夫と交渉（平たく言えばケンカ）を重ねることも数知れず……。

ワクワクしながらアメリカに移住したのに、いきなり大ピンチを迎えました。

とはいえ、いつまでも文句を言っているわけにはいきません。ある日、私は腹をくくりました。これらの家計管理の仕事を、「厄介な一時的雑用」ではなく、「自分の継続的ミッション」だと捉え直したのです。そして、私はこう宣言しました。

「今日からわが家のCFOになります！」

CFO（最高財務責任者：Chief Financial Officer）とは、企業内のファイナンス業務に関するトップポジションです。ポカーンとしている夫を尻目に、私はその「肩書き」に恥じないよう、本気でお金の勉強をはじめました。かつて大学院で学んで以来、錆びつきかけていたファイナンスの知識も磨き直し、子育てをしながら家計管理のプロを目指して歩みはじめたのです。

数年後、私はアメリカの**公認会計士**（**CPA**：Certified Public Accountant）の資格試験に合格しました。どこまで続くかと半信半疑で見守っていた夫も、よくがんばったとほめてくれました。

さらに、カリフォルニア州に引っ越したのをきっかけに、私はＣＰＡのなかの専門資格である**PFS**（Personal Financial Specialist）も取得し、少しずつファイナンシャル・プランナー（ＦＰ）としての活動を開始しました。

もともとは自分の家計をなんとかするためにはじめた勉強でしたが、ここまでの人生を振り返ってみて、「かつての私と同じように苦労している人の役にも立ちたい！」という気持ちが自然と生まれてきたのです。これが私の新たなミッションになりました。

ロサンゼルスのFP主婦だから語れること

「でも……20年近くも日本を離れている人に『日本の家計事情』がわかるんですか?」

そんなふうに思う方もいらっしゃるでしょう。たしかに私は、日本に住民票がなくなって久しいハンパ者ではありますが、アメリカにいるからこそ見えてくる特徴・問題点というものもあるかと思います。

たとえば、こちらで不動産エージェントをしている友人は、「アメリカで家を購入するときに、頭金を50〜60%も出すのは日本人くらいだね」などと言っています。

一方でアメリカ人(なかでも知識層)が家を買うときには、できる限り借金をしようとします。手元の現金を多く残し、それをほかの投資に回したほうがいいと考えているからです。

日本人の「借金嫌い」「現金好き」は世界的にも有名ですね。

金融資産に占める「現金・預金」の割合

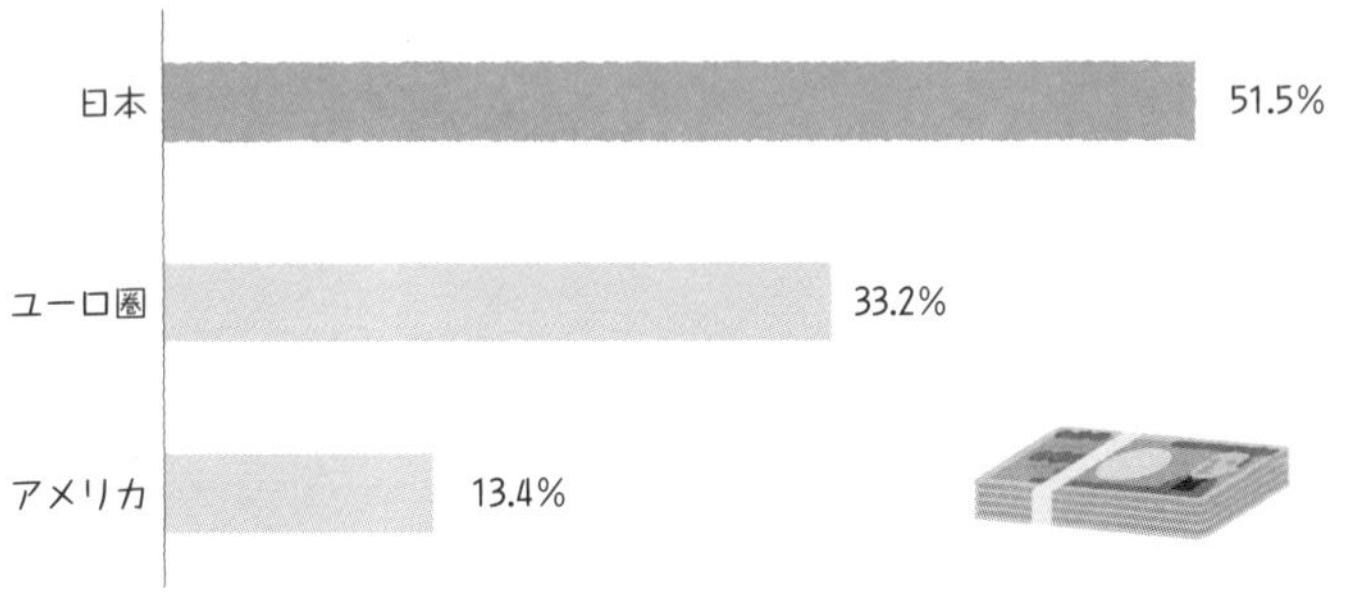

出所：日本銀行調査統計局「資金循環の日米欧比較」（2017年8月18日）

日本人は世界屈指の「預金好き」国民!?

金融資産に占める現預金（現金と預貯金）の比率を見てみると、アメリカは13・4％、ユーロ圏は33・2％であるのに対し、日本はなんと51・5％です。

とはいえ私は、**「アメリカ人のマネをすべきだ」などと言いたいわけではありません**。アメリカ人の家計にもいろいろと問題はありますから、どちらが正しいかは一概には言えないのです。

家計の問題は、計算上の損得だけで解決されるものではなく、ものの考え方や文化にも影響されます。本書では、**日米両方の文化と家計に接してきたファイナンシャル・プランナーならではの視点**をしっかり盛り込んでいきたいと思います。

また、子育てをする主婦として、同時に、『一家のCFO』として、家計を切り盛りしてきた**〝実務経験〟**も、この本の土台になっています。みなさんが本書を読み終えたあとに、「……で、結局どうすればいいの？」と立ち止まってしまわないよう、できるだけ具体的なアドバイスを心がけました。

あともう1つ、この本に強みがあるとすれば、**「中立的な情報」を提供できる**ことでしょう。

私がファイナンシャル・プランナーとして活動するときは、特定の商品を売ったり、推薦したりすることによるコミッション（手数料）は一切いただいていません。日米どちらでも、保険会社や証券会社とのつながりはまったくありませんので、クライアントさんの立場に立ったアドバイスを提供し、その時間に対して報酬をいただくようにしています。

本文中では、わかりやすさのために個別の商品に言及していますが、みなさんがどの商品を購入しようと、著者である私には何も利害がないことをお断りしておきます。

私がこの本を書こうと思ったのも、ファイナンシャル・プランナーになったのも、出発点は同じ。「かつての自分のように、家計のことで困っている人のお役に立てたらいいな！」という思いがあるだけです。この本には「お金に詳しくない人に役立つことだけ」を凝縮しましたので、どうか安心して参考にしていただければと思います。

たった7年半で2000万円を倍増させた方法

次ページのグラフをご覧ください。とある方の口座残高の推移（一部）です。

この方が２００９年までに貯めてきた**元手約２０００万円は、２０１７年初頭の段階でなんと約４０００万円にまで倍増**しています。この期間だけに絞れば、**年平均９・５％**のスピードで資産が増えていることになりますし、積立をはじめた２０００年夏からの16年半にしてみても年６・０％です。

日本の銀行の定期預金（たとえば年利０・１％）で２０００万円を倍額に増やそうと

「何もしない」で資産が増えるシステム

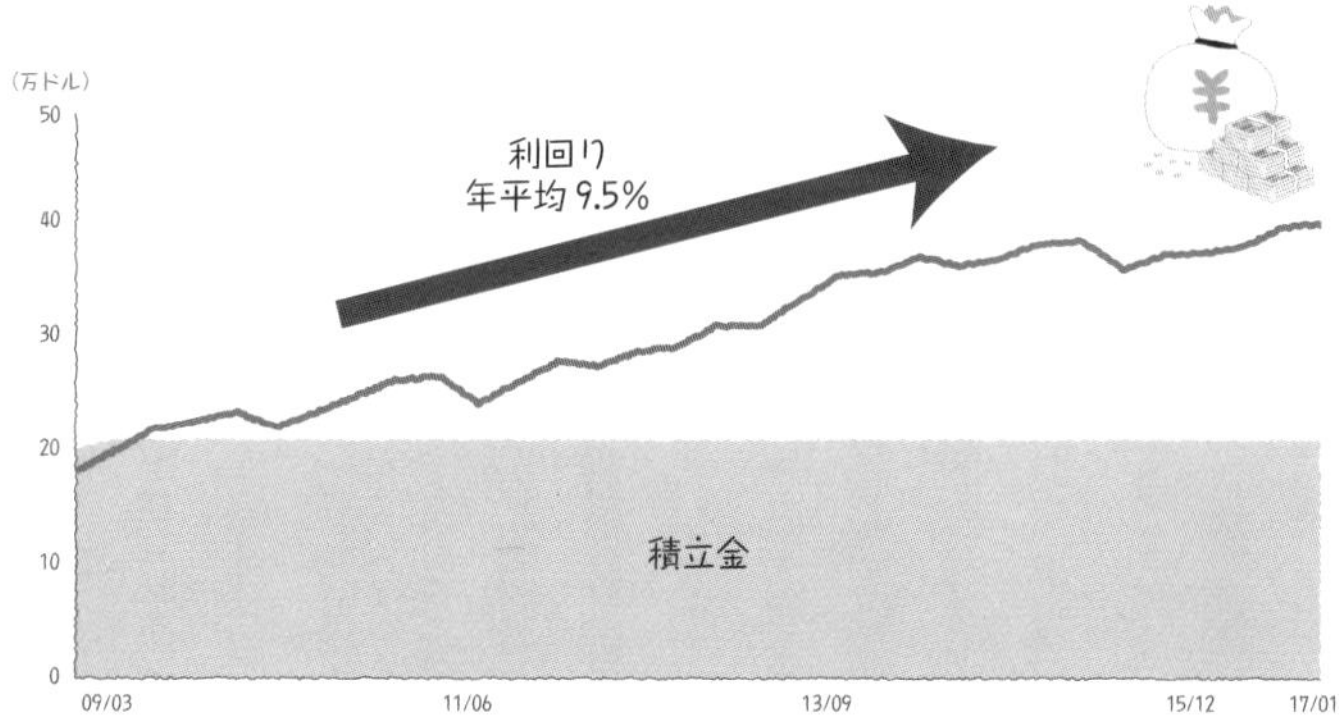

20万ドルが7年半で40万ドルに増えた！

したら、６９４年という気の遠くなるような月日がかかります。個別の株式やＦＸ（外国為替証拠金取引）に投資して２０００万円を４０００万円にするのは、プロでもなかなか大変でしょう。ましてや競馬やパチンコ、宝くじといったギャンブルとなると、確率論的にはむしろマイナスが出る可能性のほうが高いことがわかっています。

では、いったいこの方は、どんなふうに立ち回ったのでしょうか？

じつを言うと、**彼は２０００年から２０１７年のあいだ、ほぼ何もしていません。**自分から口座残高をチェックしたのは16年半のうちで数回、あとは何度かの実務的な手続きがあったくらいです。

株や外貨のように、値動きやタイミングを気にしながら売買したりもしていません。本業が忙しい方なのでウィークデーは仕事に打ち込み、週末はご家族と旅行やキャンプに出かけるなど、とても充実した日々を送っていらっしゃいます。

「知っているか、知っていないか」——お金の世界では、これが大きな差を生みます。

先ほど日本人の現金・預金好きに触れましたが、逆にアメリカ人は、資産の半分近く（46・8％）を株式・投資信託のかたちで持っています。さぞかしみんな儲けているのだろうと思われるかもしれませんが、ここにも「差」がはっきりとあります。

たとえばアメリカでは、「大卒以上の家計」の77％が株式マーケットに参加しているのに対し、「高卒以下の家計」となると25％の人しか株式投資をしていません。また、2009年からの2年間で「トップ7％の富裕層」は28％も資産を増やしている一方、「残りの93％」は資産を4％も減らしています。*

ここにあるのは**知識の差**です。

* Tyson, A. (2013) Economic recovery favors the more-affluent who owns stocks, *Pew Research Center*, May 31, 2013. [http://www.pewresearch.org/fact-tank/2013/05/31/stocks-and-the-recovery-majority-of-americans-not-invested-in-the-market/]

正しい知識で投資を行えば、誰でもある程度は資産を増やせるはずなのに、「知識がない」せいでそもそも市場に参加しなかったり、誤った行動をとってしまう。

何もしなくても2000万円が4000万円になる年利9・5％の預け先があったのに、「知識がない」せいで年利1％にも満たない定期預金に放置してしまう——。

アメリカでも日本でも、起きていることはさほど変わりないのです。

最高の家計は「何もしない&平均狙い」でつくる！

本書の方法は〝**初期設定**〟**さえしてしまえば、あとはほぼ何もする必要がありません。**

きっと難しい金融の知識が要るのだろうとお思いかもしれませんが、誰にでもできるごくシンプルな作業だけです。正直なところ、「最終的にやるべきこと」をまとめれば、A4用紙1枚で十分でしょう。

なぜそんな単純なことを行動に移せないのでしょうか?
端的に言えば、多くの人が「なぜその方法がいいのか?」をとことん理解できていないからです。この方法のすごさを〝腹〟から納得いただいた人であれば、すぐに実践したくなるはずです。

そこで本書は、経済・金融・ファイナンスの知識がない人でもわかるよう、なるべく難しい言葉や数式を使わないで解説をしてまいります。それでも迷子になりそうになったときは、**次の2つのキーワードを〝道しるべ〟としてください**。

1つめはすでに登場した「**何もしない**」です。お金のことになると、私たちはどうしてもあれこれと不安になってしまいますが、じつは「**ジタバタと動かないで済むしくみ**」**をいかにつくるか**が家計管理のカギになります。

もう1つは「**平均狙い**」です。学校の成績にせよ会社の業績にせよ、いつも数字で比較される世界に生きている私たちは、「平均=好ましくないもの・つまらないもの」だと捉えがちです。しかし、お金の世界では「すごく儲かる」と「すごく損する」との中間、すなわち **〝ふつう〟を狙うことこそが、手堅く資産をつくっていくための何よりの秘訣**なのです。

もちろんこれ以外にもいろいろなトピックを扱いますが、話の筋を見失いそうだなと思ったら、この2つのポイントを思い出しながら読み進めてみてください。

＊　＊　＊

さて、それではいよいよ本論に入っていきましょう。

なぜ「何もしない&平均狙い」のシステムが、最高の家計をつくり得るのか？

まずは、家計とセットで語られがちな「節約」とその〝落とし穴〟についてお話ししたいと思います。

お金が勝手に貯まってしまう 最高の家計◎目次

担当編集より（お金のことなんて考えたくないあなたへ） 1

Prologue

「最高の家計システム」をつくる
とても「慎重」なのに、ものすごく「無防備」…… 7
日本人は「自分で選ぶ」のがとても苦手 9
あなたも「一家のCFO」になろう！ 12
ロサンゼルスのFP主婦だから語れること 15
たった7年半で2000万円を倍増させた方法 18
最高の家計は「何もしない＆平均狙い」でつくる！ 21

Chapter 1

なぜ「節約だけ」ではダメなのか?

家計簿はつけなくていい! 34
過去のお金を凝視しても、未来のお金は見えない 36
「家計のバランスシート」をイメージできますか? 38
「別会計夫婦」の場合はどうすれば? 42
「ダイエット(節約)=健康な家計」とは限らない 43
優秀な家計に共通する「資産形成エンジン」 45
「勤勉」な日本人になかなかお金が貯まらない理由 47
節約家ほど「ムダな出費」をしている 50
なぜ「月1万円の節約」が損になるのか? 53
ゼロ金利時代に「5%運用」はありえない? 56

Chapter 2

「預金だけ」はもったいない！

それぞれの資産にはそれぞれの「役割」がある 60
生活費6カ月以上の預金は「貯めすぎ」である 62
預金だけで「走り切る」のはかなりシンドい…… 65
リスクを取らなくていいのは「お金持ちだけ」 68
預金はこんなに「もったいない」 70
あなたの預金はいまも減り続けている 75
資産形成エンジンには「複利のパワー」が欠かせない 79
「資産のパワー」を決める3要素――金額・利回り・時間 83
これ以上ない！ベストな「はじめどき」の考え方 87

Chapter 3

「トクする保険」なんてない！

どうして「その保険」に入ろうと思ったのですか？ 92
「お金が増やせる〝おトクな〟保険」ってほんとう？ 95
掛け捨て保険は「損」なのか？ 100
〝保険大国・日本〟を生んだ「返戻率」の魔力 103
学資保険にも「同じトリック」が隠されている 107
クイズ8人に聞きました！「正しい保険はどれ？」 112
保険でカバーすべき「万が一」とは？——3つの純粋リスク 119
「保険のジャストサイズ」がわかるシンプルな計算式 123

Chapter 4

「何もしない&平均狙い」がいちばん手堅い

ふつうの家計こそ「すべての株」を買うべき 130
「インデックス投資信託」のわかりやすい説明 133
〝賢明な小心者〟のための「リスク低減の王道」 139
いちばん安全に、いちばん手堅く稼ぐには? 142
「がんばる」対「がんばらない」……勝敗はついた! 146
「攻めの運用」はとにかく高コスト…… 149
アクティブ投信の勝利は〝たまたま〟である 153
世界一の投資家も認めた「インデックス投信」 155
なぜ「下落」を恐れる必要がなくなるのか 158
過去のマイナス局面は「すべて消去」できる 160
「機を見る人」こそ、損をする! 163

「何とかしたい気持ち」こそが最大のリスク 168
値段を見て買わない。タイミング分散が最強 172

Chapter 5

さあ、最高の「家計システム」をつくろう

「すべての日本株」を買っても、まだ世界の1割以下 178
それでも「株のリスク」が気になる――債券とは？ 182
リスクの味を「水」で薄める――債券インデックス投資信託 184
必要なのはこの6パーツ！――アセット・アロケーション 187
選ぶのが面倒な初心者は「セット買い」しよう 191
メンテナンスは「年1回以下」でOK！ 195
「今後が楽しみ！」なターゲットデートファンドとは 199
「何もしない」派のための投資信託の探し方 204

せっかく増やしたから「税金」に取られたくない！ 217
ダブル節税パワーを発揮する・iDeCo 219
もっと貯めたいときは？——つみたてNISA 223
夫婦で使えば最強！「積立節税」の二刀流メソッド 226
「1枚の図」に全部をまとめてみると…… 228
ほんとうに「4000万円」が貯まった人の話 231

Chapter 6

まだここが気になる！最高の家計Q&A

Q 投資なんて……結局、ギャンブルですよね？ 238
Q アクティブ投資ってダメなんですね…… 240
Q もっといい方法ってほかにないんですか？ 241
Q 現物のある不動産投資のほうが手堅い？ 243

Q　同じパッシブ投資なら「インデックスETF」は？　245
Q　「まとまったお金」があるときはどうすれば？　248
Q　ファンドランキングとか星の数が気になる……　251

Epilogue
「ほんとうに大切なもの」に投資するために——　253

Appendix
「資産形成エンジン」を大改造！　4つの家計ビフォー&アフター

本書の情報は２０１８年2月時点のものです。また、アメリカ・ドルと日本円の換算レートは、便宜上、１ドル＝１００円として表記しています。

実際の資産運用にあたっては、各自で最新情報をお確かめのうえ、自己責任でご判断ください。

Chapter

1

なぜ「節約だけ」ではダメなのか?

家計簿はつけなくていい！

「自分で**家計簿**をしっかりつけている」という方はいらっしゃいますか？

そういう方はほんとうに尊敬します。私は絶対に家計簿なんてつけられない性格だからです。

どうやらファイナンシャル・プランナーには「緻密な仕事」だというイメージがあるようですね。私も初対面の人からは「とても几帳面な人」だとよく勘違いされるのですが、本人は細かいことがほんとうに苦手です。夫がいちばんよく知っていますが、四角い部屋をまる〜く掃除するくらい大雑把なところがあります。

また、私はアメリカの公認会計士（ＣＰＡ）の資格試験には合格しましたが、実際のアメリカ企業で会計士として働いた経験はありませんし、その適性があるかも怪しいものがあります。もし明日、みなさんの会社の経理部に私が配属されようものなら、目も当てられないことになるでしょう。10円どころか100円、いや1000円くらいの数字の食い違いは、〝誤差〟と割り切ってスルーしてしまうかもしれません。

ですので、私と同じようにザックリとした性格の方はご安心ください。**しっかりとお金が増える家計をつくるうえでは、〝こまめさ〟はじつは必要ありません。**本のタイトルには「家計」を謳《うた》ってはいますが、家計簿は必須条件ではないのです。

とはいえ、いま家計簿をつけている方は、ほんとうにすばらしいと思いますので、ぜひその習慣を続けてください。

きちんと働いて収入を得て、保険料を払い、生活費を**やりくり**して**節約**しつつ、できるだけ多くの額を預金に回す——日々の賢いやりくりは、健全な家計をつくるためのベースです。節水・節電に取り組み、スーパーのチラシをちゃんとチェックして食材を安く買い、スタバの代わりにセブン-イレブンの100円コーヒーで我慢……。

浮いたお金をトータルすればある程度の金額になるでしょうし、貯蓄額が膨らんでいくのを見ていれば、きっと達成感もあるでしょう。

ただし、これだけでは不十分です。家計簿などを使って「出ていくお金を減らす」ための努力は貴重ですが、**「残ったお金が増えていく」ためのしくみが手つかずのまま放置されている**からです。

過去のお金を凝視しても、未来のお金は見えない

これは**会計**と**ファイナンシャル・プランニング**という分野の違いに由来します。

大まかに言えば、会計とは「過去」に起こった金銭活動をきちんと事後整理する仕事です。これに対し、ファイナンシャル・プランニングとは「将来」に起こるであろう金銭活動を大づかみに把握し、計画を立てるための知恵です。

将来のことは誰にもわかりませんから、会計に比べるとファイナンシャル・プランニングは細かい数字にこだわらない／こだわっても仕方がないという側面があります（「お前と一緒にするな！」という専門家のみなさん、すみません……）。

ひとまずここでは、どちらもお金を扱う分野でありながら、アプローチは真逆なのだということを押さえておいてください。

鋭い方はお気づきでしょうが、**家計簿とは「過去に起こった金銭活動の記録」です**。いくら収入を得て、それをどのように使ったか／貯めたか、というお金の出入りを月次サイクルで見るのが家計簿です。これを見れば、「月々の電気代がいくらか？」とか「先月は食費が浮いたなあ」とか「交際費がかさんできているぞ……」といったことがわかります。

でも、いくら丁寧に家計簿をつけても、どれほどじっくりと家計簿を眺めても、次のような数字は把握できません。

- いま、うちにはいくらの預金があるか？
- ローン返済はどれくらい進んでいるか？
- 子どもの将来の学費は工面できそうか？
- 今度の夏休みは海外旅行に行けそうか？

なぜ把握できないかと言えば、これらはすべて家計の「いま現在」や「これから」に関わることだからです。家計簿には「これまで」のお金のことしか書かれていませんから、これ単独では**家計の未来を考えるツールにはなり得ない**のです。

「将来的にお金の心配をしないで済むようになりたい！」と思っているみなさんには、**家計簿とはまったく別の考え方が必要になる**というわけです。

「家計のバランスシート」をイメージできますか？

その考え方というのが、**バランスシート**（**B／S：貸借対照表**）です。

ご存知の方も多いと思いますが、企業の決算などでも、期間内のお金の出入りを記録した**損益計算書**（**P／L**）に加えて、期末時点での資産・負債状況をまとめたバランスシートを必ず作成することになっていますよね。

家計を見直す際には、家計簿だけでなく、バランスシートが非常に有効です。

私がマネープランのお手伝いをするときには、数カ月平均の月次収支と併せて、バランスシートを作成します。ここから先はぜひ、みなさんも頭のなかで「わが家のバランスシート」をつくりながら読んでみてください。

バランスシートとは何かについては、会計の入門書ではないので、説明はごくあっさりにしましょう。

バランスシートは左右2つのパートに分かれます。左側には**資産**（＝自分が所有しているもの）を、右側には**負債**（＝自分が借りているもの）を書きます。

資産がたんまりあっても、負債もどっさりあれば、それは〝ほんとうに持っている〟ことにはなりません。持っている資産で借りている負債を全部返済したときに手元に残るものを**純資産**といいます。純資産が多いほど、「ほんとうに持っているもの」がたくさんあるということになります。

実例を見てみましょう。こちらは2つの家計のバランスシートです。

堅実なやりくりをしてきた**Aさん**ご夫妻（30代・子どもなし）には、合計400万円の普通預金と定期預金があります。以前に入った終身保険は、いま解約したら80万円の返戻金《へんれいきん》がもらえます。2年前に自動車ローンを組んで買ったクルマは、下取りに出したところ買取価格は190万円でしたが、まだ残高120万円のローンも残っています。

というわけで、Aさんの資産は670万円、負債は120万円で、純資産は差し引き550万円となります。

一方、40代後半の**Bさん**ご夫妻には、中学生と高校生になるお子さんがいます。預金額も着実に増えていますし、知り合いに勧められて外貨預金や株式も少しずつはじめているようです。夫婦それぞれの終身保険のほか、子どものためにコツコツと積み立ててきた学資保険があり、それぞれ解約返戻金は200万円と170万円までになっていました。また、6年前に3000万円で自宅を購入しており、現在の市場価格は2500万円、ローンの残高は2400万円です。

自動車の下取り価格、ローン残高も合わせると、Bさんの資産は3740万円、負債は2550万円、純資産は1190万円です。

家計をバランスシートで考えてみる

Aさん一家

資産		負債	
銀行預金		負債	
普通預金	100万円	自動車ローン	120万円
定期預金	300万円		
運用資産			
終身保険（解約返戻金）	80万円		
		負債合計	**120万円**
自動車（市場価格）	190万円		
資産合計	**670万円**	**純資産**	**550万円**

Bさん一家

資産		負債	
銀行預金		負債	
普通預金	120万円	自動車ローン	150万円
定期預金	340万円	住宅ローン	2400万円
外貨預金	20万円		
運用資産			
株式	20万円		
終身保険・夫（解約返戻金）	120万円		
終身保険・妻（解約返戻金）	70万円		
学資保険（第一子17歳）	200万円	**負債合計**	**2550万円**
学資保険（第二子14歳）	170万円		
持ち家	2500万円		
自動車（市場価格）	180万円		
資産合計	**3740万円**	**純資産**	**1190万円**

「別会計夫婦」の場合はどうすれば？

さて、みなさんの家計のバランスシートは思い描けましたか？

近年では、共働きの夫婦も増えていますから、お互いがいくら稼いでいるのか、いくらの預金があるのかすらよく知らないご家庭も増えているようです。もちろん最終的にはお2人の価値観次第ですが、そんな方は自分たちが60代になったときの生活を想像してみていただきたいと思います。

仕事をリタイアしたあとの老後も、同じ屋根の下で暮らし続けるつもりであれば、**夫婦単位で家計の現状をしっかり把握し、将来的な資金計画についてお互いに合意しておくのがベスト**です。

今後も別会計のまま生活するにしても、たとえば教育資金や老後資金については共同口座に積み立てていく手もあります。「人生100年時代」などと言われるいまですから、いずれにしろ、お金のことを曖昧にしておいてもいいことはありません。死ぬまでお互いに経済的に独立した状態を貫くのであれば、意思確認の話し合いをしたうえで、個別のバランスシートをつくるといいでしょう。

「ダイエット（節約）＝健康な家計」とは限らない

なぜ家計の見直しに、バランスシートの考え方が必要なのでしょうか？
ここには2つのメリットがあります。

メリット❶　家計の健全性がわかる
メリット❷　お金を生む力がわかる

まず❶**家計の健全性**は、身体の健康に例えるとわかりやすいでしょう。
バランスシートはこれまでの月々の活動の蓄積です。月々の家計簿に一喜一憂するばかりで、バランスシートを見ようとしない人は、日々の体重測定や摂取カロリー計算には必死なのに、健康診断には行こうとしない人に似ています。

体重やカロリーは気にしているので、なんとなく身体のラインはすっきりしているようでも、いざ中性脂肪やコレステロールの値を測定してみたら、健康が損なわれていることだってあり得ます。

電気代などの節約には必死なのに、一向にローン残高が減っていない家計はありませんか？　わざわざ隣町スーパーの特売セールに出かけるほど熱心にやりくりをする一方で、老後の資産づくりが疎《おろそ》かになっていたりはしませんか？

ダイエットの本来の目的は「健康を手に入れること」のはずです。それを果たせないダイエットは、端的に言えば〝無駄〟です。

それと同様、「お金の安心を手に入れる」という目的を果たせない節約は、とても残念な結果をもたらしかねません。

「資産形成エンジン」のある家計とは？

Cさん一家

資産		負債	
銀行預金		負債	
普通預金	180万円	住宅ローン	2550万円
定期預金	60万円		
運用資産			
投資信託（老後用）	900万円		
投資信託（学資用）	400万円	**負債合計**	**2550万円**
持ち家	2200万円		
資産合計	**3740万円**	**純資産**	**1190万円**

「お金を生む資産」が入っている

優秀な家計に共通する「資産形成エンジン」

それ以上に大切なのが第2のメリット、つまり、**❷お金を生む力**の現状が判定できるということです。

上の**Cさん**一家のバランスシートをご覧ください。

Cさんの資産・負債・純資産は、金額だけを見ればBさんとまったく同じなのですが、資産の「内訳」が大きく違います。

預金の金額はBさんよりもかなり少なめで、ご夫婦ともに終身保険に入っておらず、お子さんの学資保険もありません。その代わり、運用資産の欄にある投資信託の額が積み上がっているようです。

このとき、会計的に見れば、両家計にはさほどの違いはありません。しかし、ファイナンシャル・プランニングの観点から言うと、Cさんの家計のほうがより優秀な可能性があります。なぜかと言えば、バランスシートの資産リストのなかに「お金を生む資産」が入っているからです。

本書では今後、この「資産がお金を生むしくみ」を**資産形成エンジン**と呼びます。資産形成エンジンとは、**預貯金・株式・投資信託・不動産などの資産が、利子・配当・値上がり益などの利回り（財産所得ともいいます）を生み、資産そのものが増えていくシステム**のことです。資産形成エンジンの馬力は、バランスシート上にある資産の種類や比率によって大きく変わっていきます。

たとえ資産の額が膨大であっても、資産形成エンジンのパワーが弱ければ、資産は増えていきません。逆に、資産の種類や比率を正しく調整しさえすれば、資産がお金を生む資産の力はグッと高まります。

「勤勉」な日本人になかなかお金が貯まらない理由

先ほどの例の話を続けましょう。

Bさんの資産である預金・保険・持ち家・自動車は、それ自体ではほとんど利回りを生みません。資産形成エンジンのパワーが非常に弱いので、10年後にも資産の増え方は大して変わらないでしょう。

この家計の資産形成エンジンのほとんどは、一家を支えるBさんの**勤労所得**です。Bさんの労働によって得た利益が、バランスシートに少しずつ積もっていくわけです。

他方で、Cさんの持っている投資信託（合計１３００万円）が、毎年３・０％の利回りを上げたとしたら、どうでしょうか？　１３００万円を年利３・０％で10年運用すれば約１７５４万円になります。がんばって働くかどうかとは関係なく、何もしなくても４５４万円分の資産が勝手に増える計算になるのです。

このようにCさんのバランスシート上には、**「お金を生む力」を持った資産**が十分にあります。もちろんCさんにもサラリーマンとしての勤労所得がありますが、Cさんが働いているあいだにも、バランスシート上の資産たちが財産所得を稼いでくれるので、結果としてCさんの家計の資産形成エンジンは、とてもパワフルなものになっているのです。

日本の家計の大半は、資産形成エンジンを非効率なまま放置している「Bさんケース」です。

アメリカでは、勤労所得と財産所得の比率は3：1ですから、100万円の勤労所得を得ているあいだに、資産が働いて33・3万円の財産所得を生んでくれる計算になります。一方で、日本人の同比率は8：1です。がんばって働いて100万円を稼いでも、資産が生んでくれる利益は12・5万円です。*

わずかな違いのようですが、これが毎月・毎年と積み重なっていけば、どういうことになるかはおおよそ想像がつくのではないでしょうか。

* 金融庁「説明資料」平成29年3月3日 [http://www.fsa.go.jp/singi/kakei/siryou/20170203/03.pdf]

勤労所得と財産所得

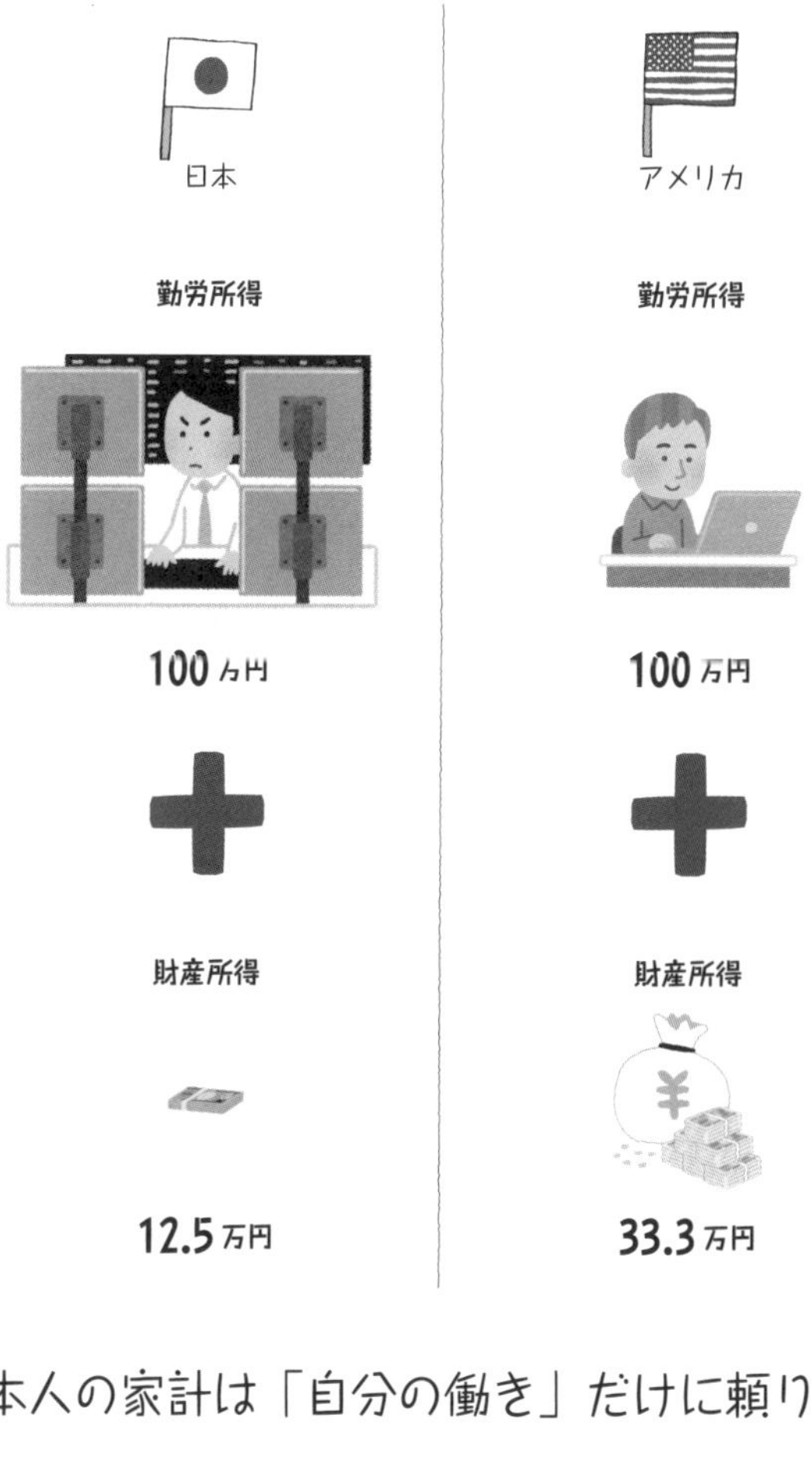

日本人の家計は「自分の働き」だけに頼りすぎ！

節約家ほど「ムダな出費」をしている

私はいわばこの資産形成エンジンの整備士です。

家計という〝クルマ〟にとっていちばん大切なことは何だと思いますか？

それは「必要な距離を〝走り切れる〟かどうか」です。

私たち人間には寿命があります。そこがまず家計と企業財務との決定的な違いです。

バーチャルな存在である企業には、無期限に続いていくという前提（これを会計用語でゴーイング・コンサーンといいます）がありますが、**家計にはいつか〝終わり〟が来ます。**

もちろん、子孫に遺産を残したい人もいるでしょうが、「**少なくとも自分たちが生きていくには、最低限どれだけお金が必要か**」という発想でアプローチが可能です。

ですから、このクルマは**「コースを最後まで走り切れる設計になっている」ことが肝心**です。企業の場合は、燃料が尽きたりエンジンが止まったりしても、廃業にすればそれで済みますが、私たちの家計はそうはいきません。家計が止まれば、家族が生活していけなくなるからです。

クルマの例をもう少し膨らませてみましょう。私たちが働いて得られる勤労所得は、クルマにとってのガソリンです。言ってみれば、**勤労所得だけに頼る家計とは、ガソリンだけで走るガソリン車**です。

ガソリン車の走行距離を伸ばすためにできることは、ガソリンをたくさんかき集める**（所得を増やす）**か、燃費をよくするかのどちらかです。燃費向上のためには、搭載されたパーツを捨ててクルマを軽量化する、つまり、食費や生活費、娯楽費などのコストを**節約する**しかありません。これは大切なことではありますが、当然、限界もあります。

一方、このクルマのエンジンそのものを取り替えて、**ハイブリッドカーに改造**したらどうでしょうか？

家計のエンジンを「改造」しよう！

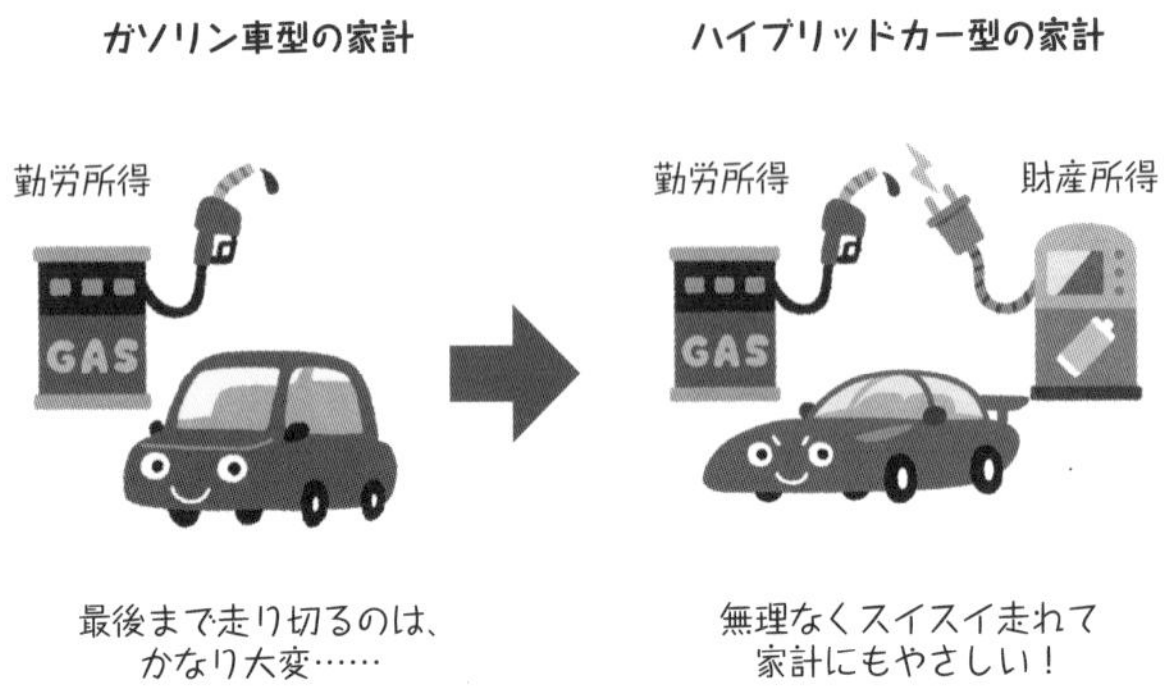

家計の「ハイブリッド化」はもう避けて通れない！

ハイブリッドカーはガソリン(勤労所得)の燃焼によって走行しながら、同時に蓄電池への充電を行います。これがまさに財産所得を生み出す資産形成エンジンです。

ハイブリッド家計は、蓄積された電気による駆動力も利用して走ることができるため、結果的に燃費もかなりよくなりますし、当然、走行距離も格段に伸びます。

もしもガソリンの給油ができなくなっても（つまり、仕事をリタイアして勤労所得がなくなっても）、それまでにチャージした電力を使うことで、余裕を持って人生を走り切ることができるというわけですね。

なぜ「月1万円の節約」が損になるのか？

家計のエンジニアである私は、ムダなコストを削って家計を〝**軽量化**〟するお手伝いもしますが、それだけでは決して十分ではありません。私たちのより重要で包括的な仕事は、クルマ（家計）の「残り走行距離」を見据えながら、バランスシートの左側にある資産形成エンジンを、ハイブリッド型に〝**改造**〟することなのです。

家計と聞くと、どうしても「家計簿」を想像しますが、最後まで走り切ることができる家計をつくるうえで、家計簿は絶対条件ではありません。

お金の心配をしないで済むようになりたいのであれば、**資産形成エンジンを改造し、お金が勝手に貯まってしまうシステムを家計のなかに埋め込むこと**のほうが、ずっと大切なのです。

いくら家計簿をつけていても、過去に目を向けているだけならば、ほんとうにそのクルマが未来のゴールまで走り切れるかどうかの保証にはなりません。

多くの家計にとって、資産形成エンジンの改造は避けて通れないものなのです。

試しに、次の2つの家計が30年後にどうなるかを比較してみましょう。

・Dさん一家——生活を切り詰めて月3万円を貯蓄。勤労所得のみ（ガソリン車型）
・Eさん一家——月2万円を積み立てて運用。財産所得あり（ハイブリッドカー型）

Dさんの年間積立額は36万円（＝3万円×12カ月）ですから、30年後の資産は約1080万円です。銀行の利息も多少はつくでしょうが、年0・1％の利回りだとしても30年後の利息総額は16万円程度ですから、合計1096万円です。

一方、**Eさん**は年間24万円（＝2万円×12カ月）を積み立てていますので、30年後の積立総額はDさんより少ない720万円です。しかし、そのお金が同時にハイブリッドエンジンへの「充電」を行ってくれますから、たとえば年平均3％で運用できれば、30年後の資産総額は1170万円になります。もし5％だと仮定すると、1660万円にまでなりますから、Dさん一家の1・5倍ほどにまで資産が増えている計算になります。

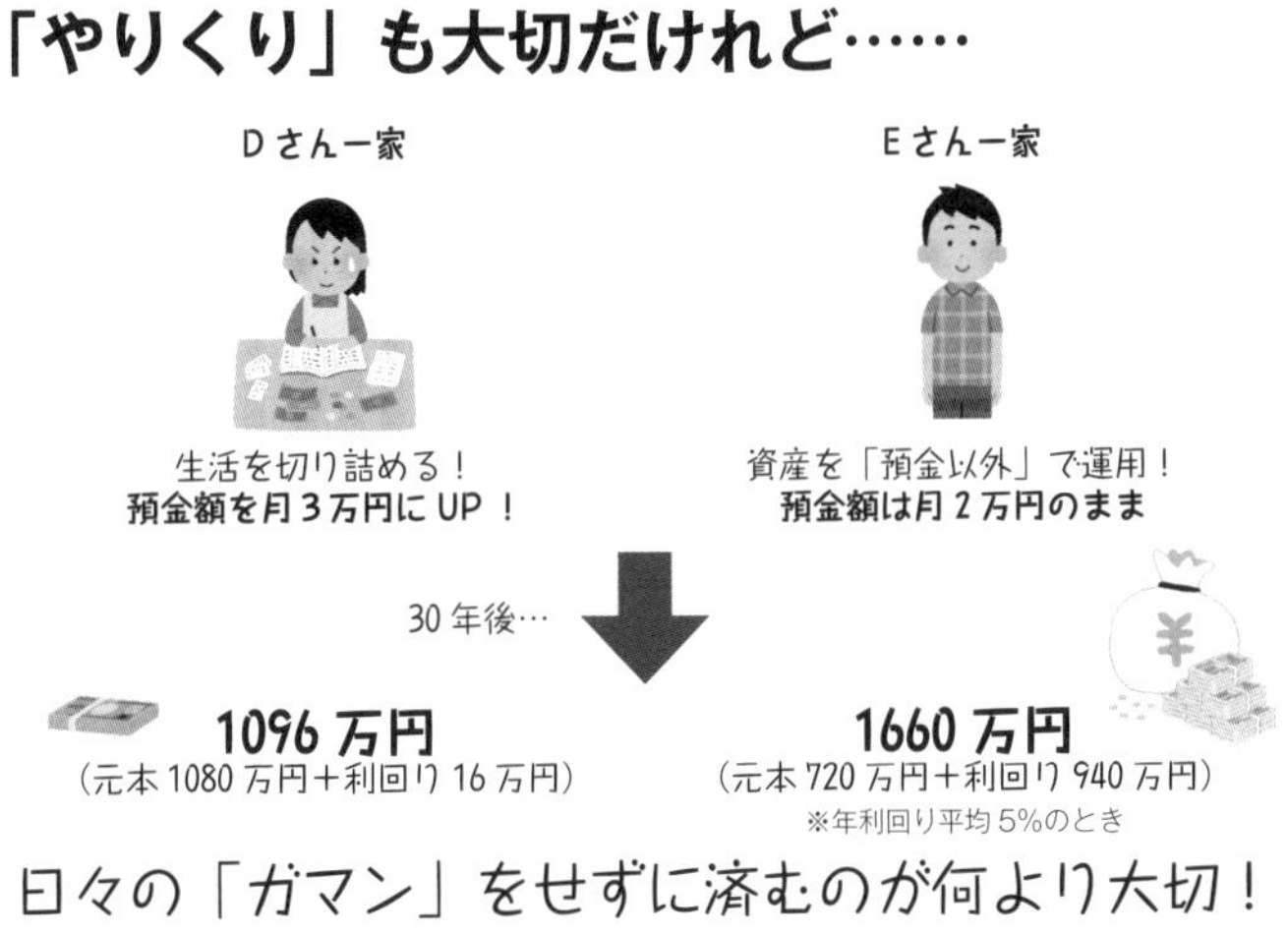

しかも、忘れてはならないのは、Dさんは3万円を積み立てるために「毎月1万円分を切り詰めた生活」を30年にわたって続けてきたのに対し、Eさんはそんなガマンをすることなく30年を過ごしてきたということです。こう考えると、ちょっと残酷な差に思えてきませんか？

さらに、DさんとEさんを組み合わせた「節約して月3万円を貯蓄しながら5％で運用」した一家を想定してみましょう。計算してみると……なんと30年後の資産は約2500万円。ここまで大きな差が出てしまうのです。

どうでしょうか？　これが資産形成エンジンのパワーの違いです。

ゼロ金利時代に「5%運用」はありえない？

「でも……年平均で3〜5%の運用なんて無理でしょ？」

そうお思いですか？

しかし、先ほどプロローグで例としてあげた人が☞18ページ、２０００年から２０１７年までの16年半、年平均６・０％で資産を増やしていたことを思い出してください。「１００年に一度の経済危機」と呼ばれたあのリーマンショックの時期を挟んでも、これだけの実績が維持できていたのです。だとすると、低く見積もっても、年３％は決して非現実的な数字ではないと思いませんか。

しかも、プロローグで申し上げたとおり、資産形成エンジンの大改造は〝一度だけ〟で十分です。ひとたび改造を済ませれば、あとは最低限のメンテナンスだけでよく、ほかには何もする必要がありません。

節約の「努力」はとても大切ですし、それは日本人の美徳だと思います。

しかし、**「努力なし」で簡単に実現できることがある以上、まずはそこから手をつけるのも、同じくらい大切**だと思いませんか?

＊　＊　＊

このチャプターでは節約だけに捉われている人が見落としがちな、資産形成エンジンのすごさをお伝えしてきました。

とはいえ、私は決して**「節約なんかしなくていい」と言っているわけではありません。**

節約だけに目を奪われて、エンジンを改造することを怠っていると、大きな差が開いてしまうという事実を知っていただきたいのです。

そこで、次のチャプターからは、資産形成エンジンのパワーを最大限に引き出す〝軽量化〟の方法をお伝えしていくことにしましょう。

Chapter 2

「預金だけ」はもったいない！

それぞれの資産にはそれぞれの「役割」がある

みなさんのバランスシートの左側の項目には、預貯金、外貨預金、株式投資、終身保険、学資保険、家、自動車など、いくつかの資産が入っていると思います。資産形成エンジンを最適化するときは、これらのパーツ（＝資産）を次の２つの視点で整備していきます。

視点❶　資産の機能に沿った正しい使い方がなされているか
視点❷　安定してお金を生み出す資産が組み込まれているか

後者についてはチャプター４以降に譲り、ひとまずは**❶資産の機能**について解説しましょう。

それぞれの資産にはそれぞれの得意分野・不得意分野があります。

たとえば、**現金**の得意分野は、**すぐに支払いに使えること**です。もしも支払いが必要になれば、お財布から取り出して、相手にお金を支払うことができます。

逆に、**家**という資産は、生活スペースの確保という大切な役割がありますが、お金にはなかなか替えられません。いますぐお金が必要だというときに、家を売ってお金を用意しようとする人はまずいません。買い手がつくまでにはしばらく時間がかかるでしょうし、いろいろな手続きもしなければならないからです。このような「換金のしやすさ」のことを**流動性**といいます。流動性の高さは現金の最大の強みであり、「いつでもすぐに使えること」こそが現金のすぐれた機能なのです（逆に、家という資産の流動性はそこまで高くはありません）。

資産形成エンジンを構築し直していく際には、それぞれの資産が持っている特性に応じた使い方をしなければなりません。

資産の**適材適所**を考えるときに、私たち日本人が最もミスを犯しがちなのが**預金**と**保険**です。このチャプターではまず預金にフォーカスしたいと思います。

生活費6カ月以上の預金は「貯めすぎ」である

プロローグで触れたとおり、私たち日本人は世界でも屈指の預金好きです☞16ページ。金融資産の51・5％という大きな割合が現預金で占められているのは、先進国では日本くらいでしょう。日本人のコツコツ貯める粘り強さは、世界に誇れるものだと思います。

ただし、ゼロ金利の時代が長く続いている日本では、預金には「お金を生み出す機能」がほとんどありません。つまり、資産形成エンジンとしては役に立たないというのが実情なのです。その結果、コツコツと預金をする日本人の「粘り強さ」が、かえってアダになってしまっている側面もあるのです。

預金の最大の機能は、現金とほぼ同等の流動性、つまり、必要なときにいつでも支払いに使えることです。銀行のＡＴＭに行けば、すぐに現金として引き出せますし、スマートフォンを操作するだけで、ほかの人にお金を送ったりすることもできます。

この本来の機能に立ち戻った場合、全資産の50％以上を預金で持っておくのは、どう考えても賢明ではありません。**預金額は「現金アクセスが必要になりそうな程度だけ」に抑えておき、それ以外はほかへ回すのが合理的**でしょう。

「現金アクセスが必要になりそうな程度」を考えるときに、私が実際のマネーアドバイスで目安としてお伝えしているのが、**「基本生活費の6カ月分」という数字**です。

基本生活費とは、最低限の生活をしていくのに必要なコストのことで、レジャーや趣味などのいざというときにカットできる分は除きます。「急に働けなくなった」「車が故障して修理費がかかった」「屋根が壊れて対処が必要になった」など、なんらかの不測の事態が起きたときでも、基本生活費の6カ月分があればまず慌てずに済みます。預金はあくまでも「緊急時のためのプール金」なのです。

言い換えれば、6カ月分を上回った預金額がある家計は、端的に〝**貯めすぎ**〟です。預金が持っている本来の機能を果たせずに遊んでいるお金があるということですね。

もちろん「6カ月」はあくまで目安ですから、持病を患っていて働けなくなる可能性が高い方、薬や治療代がかさむ可能性が高い方、親御さんの介護が必要な方は、この緊急費用をもう少し多め（たとえば9カ月分、12カ月分）に設定しておくといいでしょう。肝心なのは、そのラインを自分なりに定めておくことです。

また、「家の外壁の定期的な塗装」だとか「クルマの買い替え」などの費用に「緊急時のためのプール金」をあてるのは間違いです。なぜなら、これらのコストは発生することがあらかじめわかっているからです。**短・中期的に見通しがつく費用は、定期預金に入れるなど、別枠で貯めておく**といいでしょう。これは〝貯めすぎ〟にはカウントされません。

なお、がんばって節約をしてコツコツと預金してきたのに、貯めすぎと言われてしまった方も（ちょっとショックかもしれませんが……）心配は無用です！　そのお金は、これからパワフルな資産形成システムをつくっていくときに、必ず役に立ちます。その方法はまたのちほど……☞248ページ。

預金だけで「走り切る」のはかなりシンドい……

「なんとなくわかりましたけど、やっぱり預金がいちばん落ち着くんですよね……」

ここまでの話を聞いても、まだそういう気持ちの人のほうが多いはずです。そこで、みなさんにお伝えしたいのが、預金に関する3つの事実です。

事実❶ 預金だけでは〝足りない〟
事実❷ 預金では〝もったいない〟
事実❸ 預金は今後〝減っていく〟

まずは第1の事実から見ていきたいと思いますが……まず、みなさんは「老後にどれだけのお金が必要か？」を考えたことがありますか？ これについては、日本でもいろいろな見解があるようですし、各人のライフスタイルによって左右される部分もあるでしょう。ただ、いくら必要になるとしても、正しい行動を取るためには、次のような考え方を頭に入れておけば十分です。

いま35歳の**Fさん**が、これから65歳までの30年のあいだに、老後資金3000万円を貯めたいとしましょう。このとき、月3万円の預金だけで3000万円をつくろうとすると、どんなことになるでしょうか？（なお、利回りはゼロで計算しています）

3万円 × 12カ月 × 30年 ＝ 1080万円

ご覧のとおり、月3万円の預金では3000万円の目標には遠く及びません。ためしに預金額を月5万円に増やしても、合計額は1800万円……なかなか大変ですね。では、預金だけで3000万円を貯めるには、月々いくらを積み立てていけばいいのか？

……答えは**月額8万4000円**です。

8万4000円 × 12カ月 × 30年 ＝ 3024万円

30年で3000万円をつくるには？

30年間の平均年利 (万円)

毎月積立額	0%	1%	2%	3%	5%	6%
1万円	360	420	493	583	832	1005
2万円	720	839	985	1165	1665	2009
3万円	1080	1259	1478	1748	2497	3014
4万円	1440	1679	1971	2331	3329	4018
5万円	1800	2098	2464	2914	4161	5023
6万円	2160	2518	2956	3496	4994	6027
7万円	2520	2937	3449	4079	5826	7032
8万円	2880	3357	3942	4662	6658	8036
9万円	3240	3777	4435	5245	7490	9041

利回りに頼らない限り、貯めるのはかなり大変…

問題はそんな額を毎月貯められるかどうかです。ある程度の年収がある人でも、月8万円以上となると、なかなか厳しいのではないでしょうか。**老後資金の1つの基準とされる3000万円ですら、預金だけで賄おうとするのは、あまり現実的ではない**のです。

そこで必要になるのが、一定の利回りを生み出していく資産形成エンジンです。上の表は、「毎月積立額」と「30年間の平均年利」を掛け合わせて、30年後の資産額を計算したものです。

太線で囲んである「1748」という数字は、「月3万円の積立額を年3%で運用した場合、30年後には1748万円になる」ということを意味しています。

この表のアミ掛け部分が、目標の3000万円を達成できる組み合わせです。
積立額が月1~2万円のレベルでは、かなり運用がうまくいっても3000万円はなかなか難しいということがわかりますね。月3~5万円のレベルだと、5%くらいの利回りを出せれば目標達成できますし、月6万円以上になると数%以下の利回りでも達成はある程度見込めます。

リスクを取らなくていいのは「お金持ちだけ」

「でも、利回りが高いということは、リスクがあるということですよね？　元本割れするようなリスクを取れるほどお金持ちじゃないから、預金を選んでいるんですよ！」

みなさんのそんな声が聞こえてきそうです。
しかし、それはほんとうでしょうか？
たとえば、もしあなたのご家庭が、月8~9万円の積立額を継続できるほど豊かなのであれば、利回りゼロの預金だけでも３０００万円は貯められます。

しかし、**もしそれ以下の積立額しか出せないのであれば、「利回りを上げる」以外に、何か目標達成の方法があるでしょうか？**

そう、「元本割れのリスクを取れるのはお金持ちだけだ」というのは、日本人の典型的な思い込みです。むしろ、真実はこれと正反対であり、「元本割れのリスクを取らなくていいのは、利回りがゼロでも十分貯められるお金持ちだけ」です。

お金が無尽蔵にあるわけではない〝ふつうの人〟は、それなりのリスクを取りながら、一定の利回りを確保していかない限り、最低ラインと言われる３０００万円すらつくることができないのです！

……という話をすると、日本人の多くの方は震え上がります。「リスク」という言葉にアレルギーがあるため、「リスクを取るしかない」と言われると、途端に思考停止してしまうのです。リスクについてはまた後述しますが（☞１３９ページ）、じつはみなさんがイメージされているような恐ろしいものではありません。

たとえば、会社に出勤するにしても、ハイヤーでの送り迎えがあるエグゼクティブなら道を歩かずに済みますが、そうではないふつうの人は、駅までの道のりでクルマに轢《ひ》かれるリスクがあります。自転車に乗れば転ぶリスク、人身事故のせいで電車が遅れるリスクなども取らねばなりません。

ハイヤーがある人だって交通事故に遭うリスクはゼロではありませんし、家から一歩も出なくてもいい大富豪でも、大地震や強盗のリスクが完全に消えることはないでしょう。

要するに、私たちはみな、取らねばならないリスク、取るべきリスクはすでに取りながら生きているのです。

預金はこんなに「もったいない」

預金だけでは〝足りない〟以上、一定のリスクを取った運用が必要になるということはおわかりいただけたと思います。なんだか損をしたような、がっかりした気持ちになった人もいるかもしれませんね。

しかし、ファイナンシャル・プランニングの観点から冷静に考えれば、「預金だけ」のほうが間違いなく損であり、〝もったいない〟ということが見えてきます。これが預金にまつわる第2の事実です。詳しく見ていきましょう。

「どうして預金を選ぶのですか?」

そう聞かれたらどう答えますか? **「減らないから」「元本が保証されているから」**と答える方が多いのではないかと思います。多くの日本人は**元本**が保証されることを何よりも重んじます。

平気で宝くじを何百枚も買っている人や、競馬やパチンコで数万円をスっている人でも、いざ預けた100万円が99万円になれば、「損をした〜!」と落胆・激怒する——それが日本人の元本至上主義です。

でも、この考え方には、暗黙の価値基準が持ち込まれていないでしょうか?

これを実感していただくために、次の例を考えてみましょう。

いま、**Gさん**の手元には10万円のお金があります。これから10年はこの10万円に手をつける予定はありませんでしたが、元本を割り込むのは嫌なので、銀行預金に入れることにしました。当然ながら**10年後に手元に残るのは、10万円（とわずかな利息）**です。

同じように10万円を持っていた**Hさん**は、少しだけリスクを取って投資を行うことにしました。1年目でいきなり元本割れしましたが、そのまま持ち続けたところ、2年目、3年目で持ち直しています。その後、2回ほど前年度割れをする年があったようですが、全体としては好調だったようで、**10年後に口座を開けたら13万円弱になっていました。**

また、**Iさん**は、「どうせ使わない10万円だから」ということで、より多くのリスクを取りました。その間に何度か前年度割れを起こしたようですが、「そういえば10年前のあの10万円はどうなったっけ？」と思い出して口座を見てみると、なんと**14・5万円に増えていました。**Hさんと同様、おおむね順調に資産を増やした格好です。

誰がいちばん損をしたか？

（円）

	1年後	2年後	3年後	4年後	5年後	6年後	7年後	8年後	9年後	**10年後**
Gさん	100,000	100,000	100,000	100,000	100,000	100,000	100,000	100,000	100,000	**100,000**
Hさん	99,523	105,260	109,273	108,911	115,927	121,002	122,987	121,999	124,328	**129,854**
Iさん	106,000	99,423	121,212	126,248	119,988	130,005	131,024	138,698	137,652	**145,682**

※アミ掛け＝前年割れを起こしたタイミング

Gさん（銀行預金）

Hさん（低リスク運用）

Iさん（高リスク運用）

“何もしない”という点では３人とも同じ…

HさんとIさんは、お金を預けた先が銀行〝以外〟だったというだけで、そのあとに**「何もしていない」という点ではGさんと変わりありません。**

このとき、みなさんがGさんだったら、どんな気持ちになるでしょうか？

「得した」と思う人はまずいないはずですが、損はどうでしょうか？

「何回か減ることはあっても、最終的に持ち直してなんとかなるなら、運用に回しておけばよかった」とそんな気持ちが心の中に生まれないでしょうか？

この「ちょっぴり損したかも……」という気持ちは、決して異常ではありません。

この場合、お金を置く場所を変えておきさえすれば、より多くの利益を上げることができたのは事実だからです。最善の意思決定をしないことによって、得られたはずの利益チャンスを逃すことを**機会損失**といいます。要するに「儲けそこない」ですね。

もちろん、何が最善の意思決定なのかは、そのときそのときで、本人が主観的に判断するほかありません。

「いや、10万円を一度も減らすことなく維持するのが、私にとって最善だったんです！」

そう固く信じられるのであれば、それでいいのです。ただ、「何度か前年割れをしても、最終的にははじめの元本より増えるなら、ちょっとくらいはリスクを取ってもよかったかな……」という迷いや後悔があるのなら、それは「儲けそこない」という機会損失だったのかもしれません。

あなたの預金はいまも減り続けている

損得の判断というのは、価値基準をどこに置いているかに左右されます。基準を「元本」ではなく、「得られたはずの利益」にしてみれば、「元本は死守したけど、けっこう損をした」という考え方も十分可能だということにお気づきいただけるかと思います。

しかし、日本人の元本信仰はほんとうに根強いですから、ここまでの話だけでは「何が損なのか、サッパリわからない！」という方もまだいらっしゃると思います。そういう人はここで無理に既存の価値観を破壊する必要はありません。

「『元本が大事』というのは、一定の価値基準でしか通用しないらしいぞ……」「見方を変えると、『預金のほうが損』という理屈が成立するみたいだな……」ということを、頭の片隅に置きながら読み進めてください。

さて、2点めの預金の〝もったいない〟は、「こうしておけば損をしなかったのに……」という後悔の心理がからんだ問題でしたが、最後に触れておきたいのが、預金が〝減っていく〟という、より切実で現実的な問題です。しかもこれは、今後はとくに日本人が懸念しなければならないポイントになると予想されます。

経済ニュースをフォローしている人はご存知のとおり、「デフレ脱却」を目指す日本政府は、日本銀行と共同で「2%のインフレ目標」に関する声明を出しています。マクロ経済政策の教科書ではないので詳細は端折りますが、これは要するに「**毎年2%程度でゆるやかに物価が上がっていくように、経済の舵取りをしていきますよ**」という宣言です。

大まかに言えば、物価が2%上昇すれば、今年100円で買えていたものが、翌年には102円出さないと買えなくなります。これだけ聞くと、「ふーん、それはなかなか大変だな〜」というくらいの印象かもしれませんが、**2%インフレが長期的に実現した場合、何よりも痛手を被るのは預金で資産を持っている人**です。

物価が2%ずつ上昇するということは、ひっくり返せば、お金の価値が約2%ずつ減

物価が年2%ずつ上昇すると…

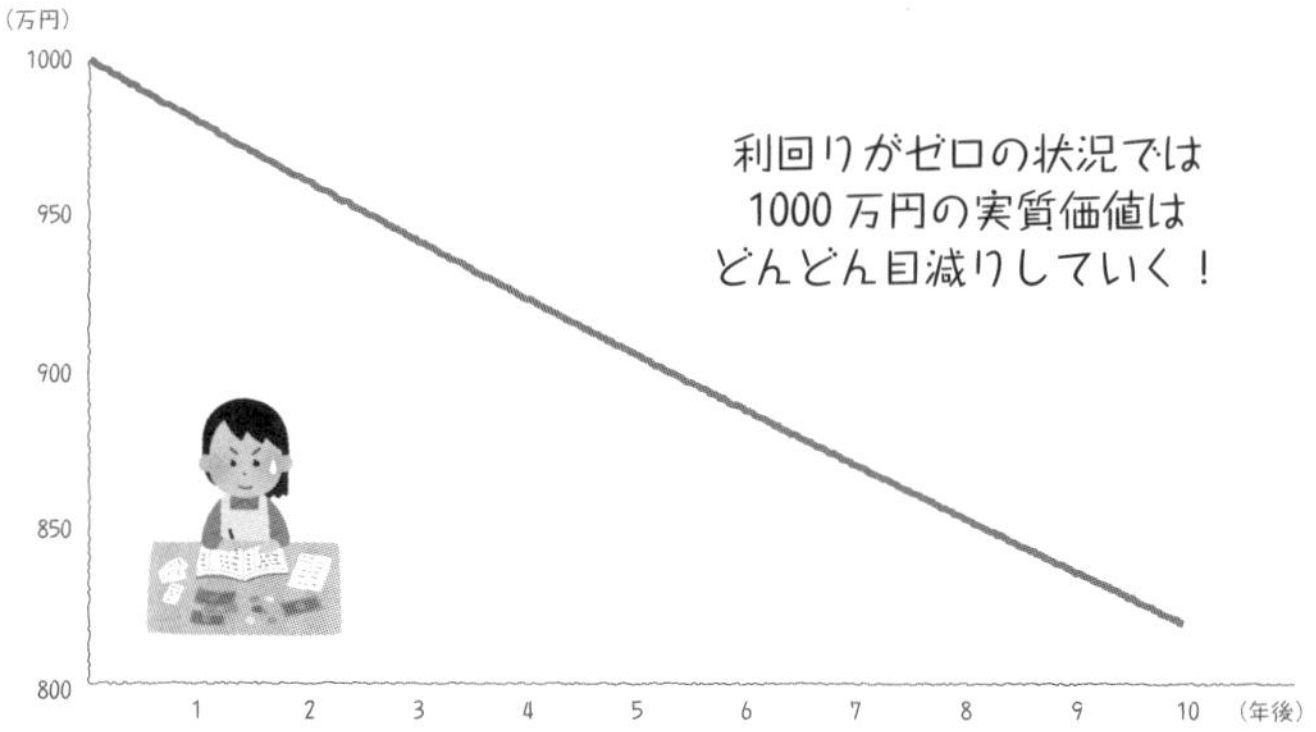

10年で「180万円分の価値」が消える…

っていくということです。つまり、インフレ率２％の環境下で、利回りがほぼゼロの預金口座にお金を放置することは、**「マイナス２％の利回り」でお金を預けるという残念な行動に匹敵する**わけです。

この場合、たとえば１０００万円は、翌年には９８０万円、翌々年には９６１万円、……そしてこれが10年続けば、８２０万円の価値しかなくなります。

通帳に印字される残高は１０００万円のままなのですが、実質的には１８０万円分の価値が消えてしまっているのです。

政府が掲げている２％インフレが、ほんとうに実現するのかはなんとも言えません。

これが実現したほうが日本のためになると私は考えていますが、日本国内にもさまざまな意見があることは認識しています。

ただ、アメリカの中央銀行であるＦＲＢ（米連邦準備制度理事会）は、これまでインフレ目標を掲げて、アメリカ経済がある程度のインフレ率を維持できるように配慮してきました。

今後、同じことが日本でも起きてくる可能性は十分にあるでしょう。だとすれば、「預金だけ」というのは資産防衛策としてはあまりにも危険であり、おすすめできません。

2％のインフレ環境下では、2％の利回りで資産を増やして初めて、プラマイゼロをキープできることになります。今後の日本の経済環境を踏まえれば、資産形成エンジンの改造は、人によって程度の差こそあれ、やはり不可欠なのだと思います。

資産形成エンジンには「複利のパワー」が欠かせない

以上、預金にまつわる「足りない」「もったいない」「減っていく」という3つの事実を見てきました。

預金はすぐに使えるお金として、生活費の6カ月分程度を貯め置き、それ以上のお金は資産形成エンジンで増やしたほうが賢明です。ここまで来ると、これまでずっと預金オンリーだった方でも、「少しはリスクを取るべきなのかな……」ということがアタマではおわかりいただけたのではないでしょうか。

「ええ、アタマではなんとなくわかりました……でも、気が進まないんですよね……」

もちろん、まだそれでけっこうですよ。本書は超・堅実派のためのマネー本ですから、私もこれくらいでみなさんの気持ちを変えられるとは思っていません。

そこで、このチャプターの締めくくりとして、資産形成エンジンのメカニズムをもう少し詳しく見ておくことにしましょう。このあとの内容全体に関わるとっても重要なポイントも登場しますので、「数字がいっぱい出てきてちょっと疲れてきたなぁー」という方は、このあたりでいったん、ひと息入れていただくといいのではないでしょうか。

＊　＊　＊

さて、まずは次のグラフをご覧ください。これは、月1万円ずつを30年にわたって積み立てた場合の資産額の推移を「利回り別」に表したものです。

グラフのいちばん下は利回り０％の場合、つまり銀行預金です。ご覧のとおり、月々同じ金額を積み立てているだけなので、増え方は一定で、グラフも直線になっています。30年後には３６０万円が貯まります。

それに対して、その他のグラフは曲線を描いていますね。しかも、利回りが大きければ大きいほど、カーブの上向き度がどんどん激しくなっていることがわかります。

毎月1万円積立を30年続ける（利回り別）

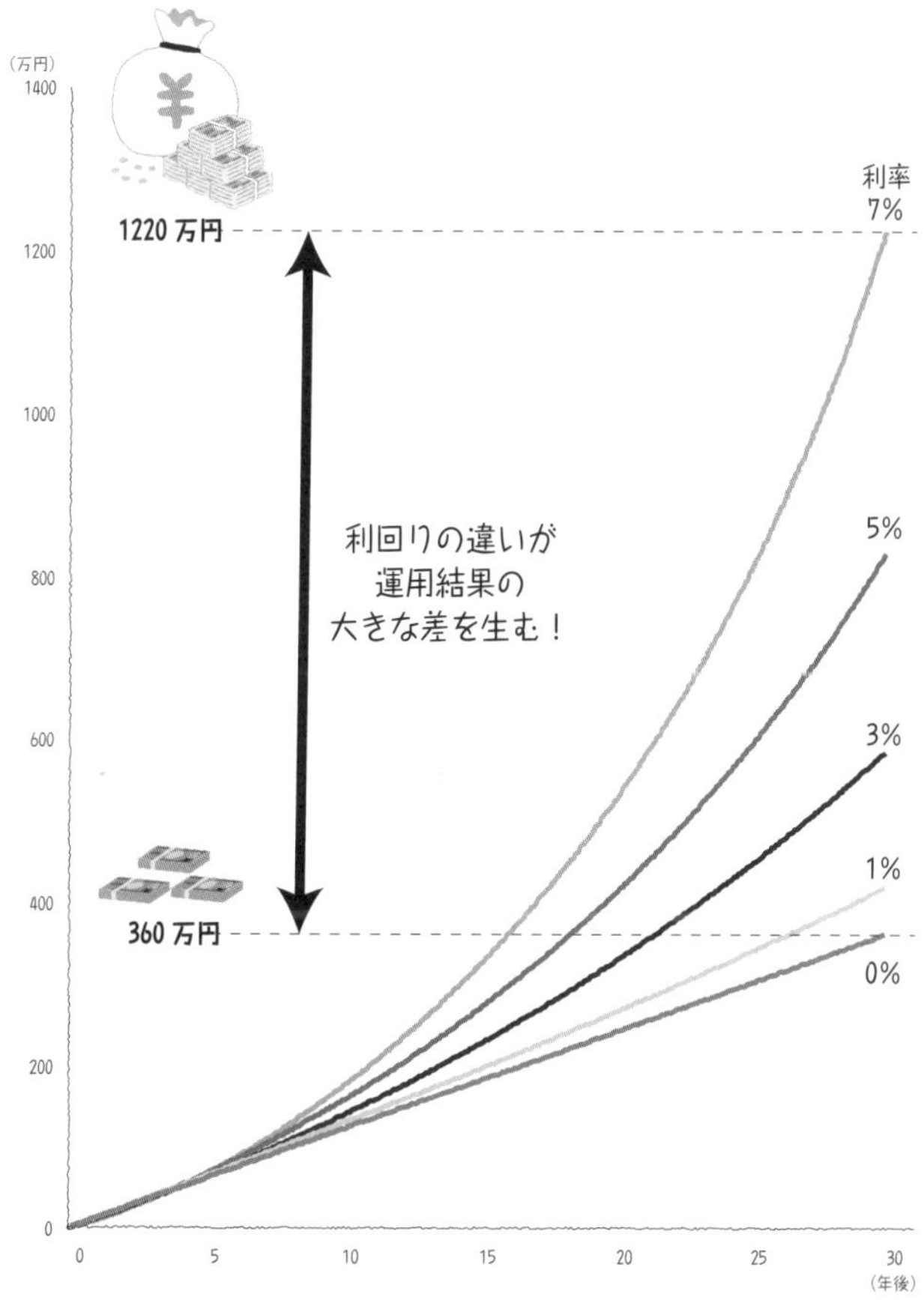

せっかく積立をするなら、低利回りはもったいない

たとえば、年平均1％の利回りで運用しながら月1万円の積立を続けた場合、30年後の資産額は、預金（0％）よりも60万円ほど多く、約420万円です。さらに、利回りが7％になると、30年後にはなんと約1220万円。かなり大きな差が出ていることがわかります。

なぜこのようなことになるかと言えば、それは**複利のパワー**が働いているからです。複利は元の資産を加速度的に増加させていきます。

一般に、金利の形式は**単利**と**複利**に分かれます。

100円を年10％の「単利」で運用した場合、1年目には110円、2年目には120円、3年目には130円……10年後には200円という具合に均等に増えていきます。

一方、「複利」の場合は元本が生んだ利回りが、翌年の元本に組み込まれるため、時間が経つにつれてお金の増え方が大きくなっていきます。1年目に110円になるのは同じですが、2年目には121円（＝110＋（0・10×110））、3年目には133円（＝121＋（0・10×121））と増えて、10年後には259円になります。

「資産のパワー」を決める3要素——金額・利回り・時間

資産形成エンジンのパフォーマンスが、利回りの差に大きく左右されることはわかりました。

ところで、月々の積立額と年利の組み合わせ別で、30年後の資産額をシミュレーションした先ほどの☞67ページ表を覚えていますか？　ここでは、30年後に3000万円をつくろうとすれば、月々の積立の「金額」をアップするか、リスクを取って「利回り」を確保するか、どちらかが必要でした。

一方、**資産形成エンジンのパフォーマンスを決めるものが、金額と利回りのほかに、もう1つだけあります。**

その〝第3の要素〟は何だと思いますか？

それは**時間**です。お金を語る際に、時間というファクターを除いて考えることはできません。

資産形成エンジンが「将来いくら稼ぐか」は、この3要素が密接に関係して決まっているのです。

❶ **金　額**――月々いくらを積み立てるか／元手の額はいくらか
❷ **利回り**――元金や積立金がどんなスピードで増えていくのか
❸ **時　間**――どれくらいの期間にわたって運用を継続するのか

複利のパワーは、時間が経過すればするほど強く作用しますから、運用の期間が長くなるほど、資産形成エンジンのパフォーマンスは高まります。

運用期間が10年の場合と30年の場合とで比較してみましょう。たとえ利回りが7％あっても、期間が10年であれば、1％のときの1・44倍程度のパフォーマンスです。一方、これが30年経過すると、利回り7％と1％とのあいだの開きは、なんと3・39倍。運用期間が長いからこそ、複利パワーがより強力になっているのです。

月１万円積立の結果（期間＆利回り別）

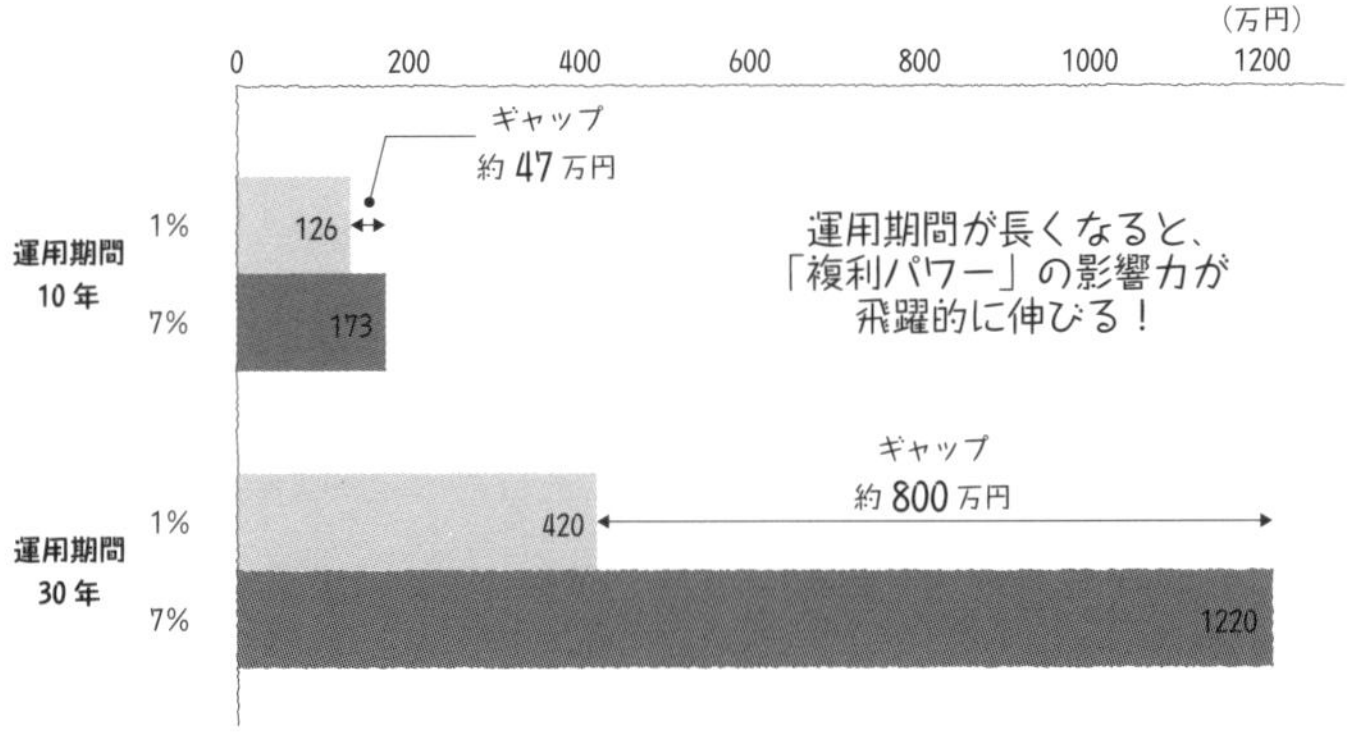

「複利」の運用では、増え方が徐々に大きくなる

この3つの要素、「金額」「利回り」「時間」は相乗効果的に作用します。それぞれがパワフルに作用しあうと、お金が増えるカーブの上向き度もグンとパワーアップします。逆に、どれかがゼロになれば、資産形成エンジンのパワーはガクンと落ちてしまいます。

たとえば、月1万円の積立を30年間続けても、金利0％（≒銀行預金）であれば、資産はまったく増えていきません。これはすでに確認しました（☞81ページ）。

また、利回りが10％で100年の運用期間があっても、そもそも積立額がゼロ（つまり、何も貯めない）であれば、資産はゼ

資産形成エンジンの３要素

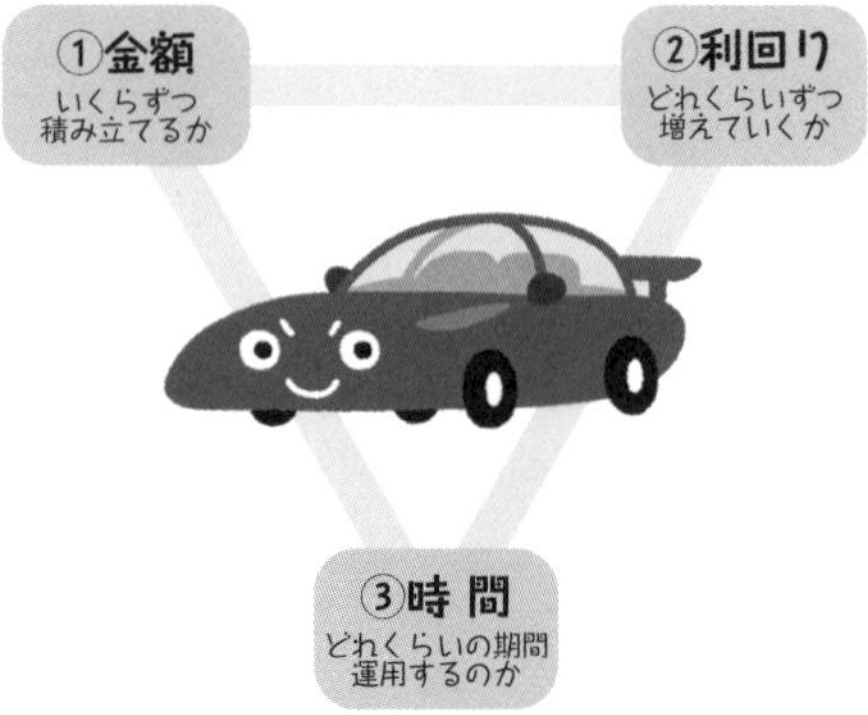

どれが欠けてもパワーは一気に落ちてしまう…

ロのままです。これもあたりまえですね。

最後に、手元に１０００万円があって、利回りが10％だとしても、時間がゼロ（つまり、運用をはじめない）なら、やはり資産形成効果はないことになります。

「金額」「利回り」「時間」が一定の数字になっているときに初めて、資産形成エンジンが持っている複利のパワーが相乗効果的に引き出され、あなたの資産は何もしなくてもグングンと増えていくのです。

これ以上ない！ベストな「はじめどき」の考え方

しかし、考えてもみてください。積立額をどうするかは、個々の家計ごとに限界がありますし、利回りはその時々の経済環境に左右されます。要するに、どちらもなかなか自由にコントロールが効かないのです。

一方、**時間は私たちみんなに平等に与えられています**。お金持ちにもそうでない人にも、資産運用のプロにも知識がないアマチュアにも、仕事が忙しい人にも忙しくない人にも、1日24時間が同じように与えられているのです。

月1万円で1％の利回りではじめる人にも、月10万円で3％ではじめる人にも、1分は1分、1日は1日、1年は1年です。資産を増やすうえで、**時間というリソースを味方につけないのは、非常にもったいない**と思います。

要するに、もし資産形成エンジンを改造するつもりであれば、「**はじめるのは早ければ早いほどいい**」ということです。

明日に改造を終えてしまえば、この先の時間をずっと有効活用することができます。1年間迷うのだとすれば、その分だけ運用できる期間が減るので、あなたの資産形成エンジンのパワーは弱まります。50代よりも40代ではじめる人のほうが有利ですし、40代より30代、30代より20代のほうがおトクなのは間違いありません。

「今日のあなたは、人生のなかでいちばん若い」

そんなふうに言われることがありますが、家計のしくみづくりにも同じことが言えます。資産形成エンジンを改造しようとするとき、あなたにとってベストなタイミングはつねに「今日」をおいてほかにありません。

焦りは禁物ですが、どうせやるならば、少額かつ低リスクでもかまわないので、できる限り早くはじめるのがいちばんなのです。

＊　＊　＊

お疲れさまでした。このチャプターでは、みなさんの資産形成エンジンが、過剰な預金のせいでパワーダウンしているというお話をしてきました。じつはもう1つ、預金と同じように家計の重しとなって、燃費を悪化させているものがあります。

それは「保険」です。次のチャプターでは、日本人が大好きな保険について、少し掘り下げてみたいと思います。「保険なんていっさい入っていませんよ」という人も、最初の項目だけでいいので、まずはちょっと読んでみてください。

Chapter

3

「トクする保険」なんてない！

どうして「その保険」に入ろうと思ったのですか？

日本人が「預金大好き国民」であることはすでに書いたとおりですが、じつは保険についても同じことが言えます。*

日本の89・2％の家計がなんらかの生命保険に加入しており、1世帯あたりで平均3・8件の生命保険か年金保険に加入しています。また、民間の生命保険を契約している世帯のうち、9割以上が医療保険・医療特約に、6割以上ががん保険・がん特約に加入しているという実態があります。

何よりも驚くべきは、29歳以下の若年層で78％、子どもでも53％が生命保険に加入しているというデータでしょう。アメリカでは、若者に生命保険などを売り込んでもまず見向きもされないでしょうし、**子どもに保険をかけるなどという発想を持つ人がまずいません。**生命保険や年金保険に入っていたとしても、せいぜい1つか2つです。

＊生命保険文化センター「平成27年度・生命保険に関する全国実態調査」
[http://www.jili.or.jp/press/2015/pdf/h27_zenkoku.pdf]

一方で、**保険に対する満足度や知識水準がかなり低い**のも、日本人の特徴です。生命保険の保障内容に対して「充足感あり」と答えた人は4割にも満たず、3割以上の人が「充足感なし」と答えています。また、保険全般に関する知識についても、7割近くの人が「知識がない／ほとんどない」と回答しました。

つまり、なんとなく加入しなければいけない気がして加入しているものの、保険というものをじつはよくわかってもおらず、さほど満足しているわけでもないということですね。これが日本人の保険に対する実態なのです。

アメリカに引っ越してきたばかりのクライアントさんたちのご相談に乗ると、かなりの確率で「家計バランスシート」のなかに、日本で契約してきた生命保険がリストアップされています。お子さんがいるご家族であれば、学資保険に入っていることもよくあります。

そこで、彼らに「どうしてこの保険に入られたのですか？」と質問すると、だいたい次の2パターンの答えが返ってきます。

答え❶　「資産運用にもなると言われたので……」
答え❷　「もし万が一のときのためを考えて……」

まず結論から申し上げましょう。

「❶保険で資産運用をする」という考え方は、ごくわずかな例外を除き、ほとんどの場合うまくいきません。預金と同様、保険は資産形成エンジンのパーツとしてはあまりにも非力です。また、もっと踏み込んで言うと、本質的には保険はそもそも資産でさえありません。

さらに、**「❷万が一のときのための保険」についても、多くの日本人は致命的な勘違いをしています**。これは「リスク」に関する理解の甘さに由来しています。

……すでに保険に入っている人からすれば、いきなりショッキングなお話かもしれませんね。しかし、これはファイナンシャル・プランニングの基本に従えば、ごく自然なことなのです。まずは「保険は資産ではない」という点について、ご説明していきたいと思います。

「お金が増やせる〝おトクな〟保険」ってほんとう？

家計のエンジンを改造していくうえでは、**資産の適材適所が欠かせない**という話をしました60ページ。これはつまり、それぞれの資産がどのような目的で存在するものなのか、そこにお金を入れておくとどんないいことがあるか、それによってしか実現できない機能は何か、などをよく知っておくということでした。

預金が得意とする機能は何だったか、覚えていますか？　そう、現金アクセスのしやすさ（流動性）です。逆に、預金の資産形成パワーは、かなり弱いことも確認しました。

では、**保険の機能は何だと思いますか？**

保険の何よりの役割は、**万が一のときに現金の保障（保険金）をもたらしてくれることです。**日ごろから保険料を払っておく分、何か困ったことが起きても、金銭的に困らないようにしてくれる――これが保険の役割です。

言い換えれば、月々の保険料は、貯蓄や運用のために支払うものではありません。**保険料はあくまで将来の保障を買うための「費用」**であり、水道代や電気代、マンションの家賃などと同じように、出て行ったらそれでおしまいのコストです。

これが保険の本来の姿であり、この機能だけを商品化したのが、いわゆる**掛け捨て保険**です。掛け捨て保険は、純粋に将来の保障を買っているだけですから、バランスシート上の資産にはなりません。光熱費や通信料をいくら払っても、水や電気やインターネット回線が資産にならないのと同じです。

しかし、「万が一」のことがなければ、支払った保険料は文字どおり「掛け捨て」になります。すると、「これでは元が取れない！」「もったいない！」と感じる人も出てきました。

そこで知恵を絞って生まれたのが、**本来の掛け捨て保険に「貯蓄・運用の機能」をくっつけた商品**です。こうして、「毎月支払った保険料が貯まる！」というのをセールスポイントにした**貯蓄型保険**が売られるようになりました。

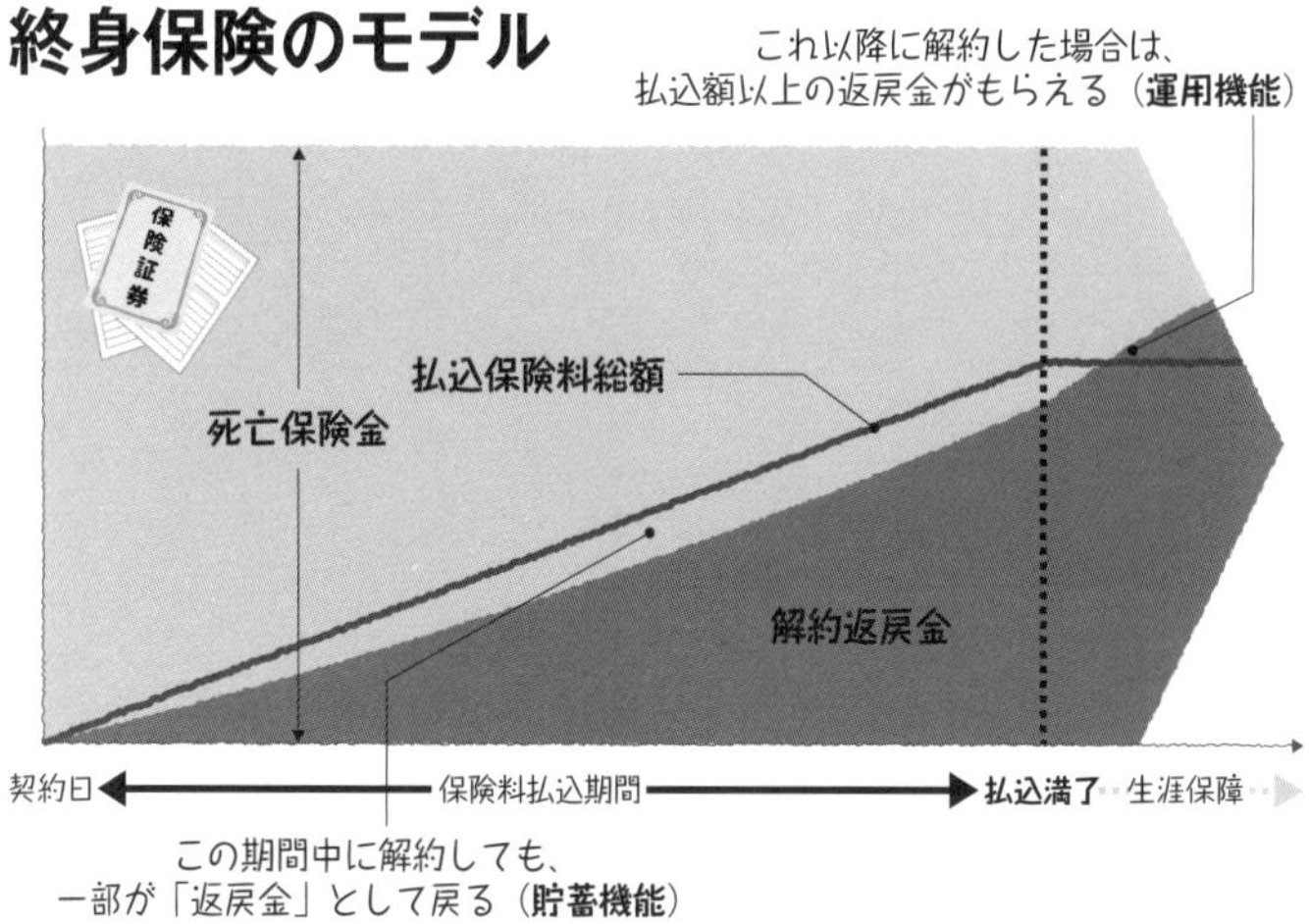

生命保険の例で考えてみましょう。

加入者が亡くなったときに保険金が支払われるもの（死亡保障）は**定期保険**と呼ばれ、これは掛け捨て型です。

一方で、これに貯蓄性を加えたものが、いわゆる**終身保険**です。通常の死亡保障に加えて、**解約返戻金**というしくみがついています。

これは、保険を中途解約した場合でも、それまでに支払った保険料の一部が戻ってくるうえ、払込満了時期を過ぎてからは保険料総額を上回る返戻金がもらえるという制度です。

なお、メインの死亡保障だけでなく、介護保険金がついていたり、特定疾病になったとき保険料払込免除になったり、途中で介護保障・医療保障・年金保障などに変更できるものなど、保障部分にもいろいろなバリエーションがあるのも終身保険の特徴です。

わかりづらいかもしれないので、次の例を見てください。

Jさんは、30歳のときに死亡保障1000万円の定期保険に加入し、月々2300円の保険料を60歳まで支払いました。幸い、病気も怪我もなく過ごしましたが、掛け捨て保険だったので、総額83万円の保険料はもちろん戻ってきません。

他方で、**Kさん**は30歳のときに死亡保障1000万円と解約返戻金のついた終身保険に入りました。払込満了の60歳まで月々1万9000円の保険料を支払うのはちょっと大変でしたが、なんとか着実に払い続け、その後70歳のときに解約したところ、860万円の返戻金が手に入りました。払い込んだ保険料は総額684万円でしたから、増えた割合（返戻率）はなんと126%です。

いかがでしょうか？　まだ保険に入っていない人でも、この説明だけを見たら、掛け捨て保険（定期保険）に入るのはなんだか割に合わないという気がしてきませんか？

掛け捨て保険と貯蓄型保険

掛け捨て保険		貯蓄型保険
死亡保障1000万円		死亡保障1000万円 ＋ 解約返戻金
2,300円	月額保険料	**19,000円**
83万円	払込総額	**684万円**

払込満了…

Jさん		Kさん
0円（掛け捨て）	解約返戻金	**860万円**
-	返戻率	**126%**

お金が戻ってこない「掛け捨て保険」は損なのか？

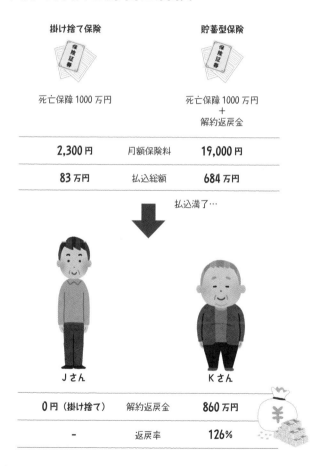

掛け捨て保険は「損」なのか？

「え、違うんですか？　もし何ごともなかったら、掛け捨ての保険って丸損じゃないですか。だったら、まとまった解約返戻金が老後にもらえるかもしれない終身保険のほうが、絶対におトクですよ！」

実際、終身保険は貯蓄や運用と同じ側面を持っているため、「万が一の備えにもなるし、老後資産をつくるうえでも最適！」というセールストークで販売されています。

これが「資産運用のために保険に入った」と語る人が信じているロジックです。とてもシンプルでありながら、非常にもっともらしく聞こえますが、じつはこの裏にはふつうは見えない世界が隠されています。問題は、この見えない部分を知ったあとでも、あなたが同じ選択をするかどうかです。

たしかに終身保険は貯蓄・運用機能を持っているわけですから、当然、バランスシート上の資産になります。41ページただし、支払った保険料すべてが資産になっているわけではありません。

たとえば、１００万円を銀行に預ければ、その資産価値はそのまま１００万円ですが、合計１００万円の保険料を保険会社に払ったとしても、バランスシートに乗ってくるのはその一部だけです。１００万円の一部は純粋な保険機能（保障）のために使われ、その残りが解約返戻金として貯蓄・運用されているからです。

では、このような貯蓄型保険に加入している方は、**月々払っている保険料のうち、いくらが貯蓄・運用に回されているかをご存知でしょうか？** おそらく知らないと思います。これが大きな問題なのです。

ちょっとたとえ話をしましょう。

耳の調子がおかしいので耳鼻咽喉科の先生のところに行ったとします。雑談ついでに「じつは最近、腰も痛くて……」と話したら、先生が「じゃあ、ついでに腰も診てあげましょう」と言います。その後、耳と腰との診察料をまとめて払いました。何度か通ううちに、いつのまにか耳よりも腰の治療がメインになってきたようです。診察料はいつもまとめて払いますが、それぞれの内訳はわかりません。果たしてこれでいいのでしょうか？

ここには２つ問題があります。まずは、専門家でもない耳鼻咽喉科の医師に腰の診察をお願いするのが「そもそも医学的にいいのか」どうかという点。

もう１つは、「診察料の内訳がわからない」ので、このまま同じ医者に両方を診てもらうほうがトクなのか、整形外科と耳鼻咽喉科それぞれに通ったほうがいいのかが判断できないということです。

保障機能と貯蓄・運用機能を組み合わせた終身保険は、この状況によく似ています。保障のためのツールである保険に、貯蓄・運用の役割を担わせている意味でもそうですし、払っている保険料がどういう比率で使われているかわからないという点も同じです。

セット販売は、顧客の判断を鈍らせる典型的な方法です。

価格のわからない複数の商品をまとめて販売する「福袋」と同じやり方ですね。こうやって商品をセットにしてしまうことで、単品ではなかなか売れない商品を買わせたり、より多くの利益を得たりすることが可能になります。

ほしくないものが入っていることも承知で、ワクワク感にお金を支払うのだと割り切るなら、福袋だってすばらしい仕掛けだと思います。思いがけずいいものが入っていて得することも絶対ないとは言えません。しかし、得しているのか損しているのかすら、よく判断がつかないまま、大切なお金の貯蓄・運用を何十年も続けてしまってもいいのでしょうか。

〝保険大国・日本〟を生んだ「返戻率」の魔力

誤解しないでいただきたいのですが、私は貯蓄型保険のすべてがよくない商品だと言っているわけではありません。正しい状況で正しく使えば、すばらしい効果を発揮することもあるでしょう。

ただ、率直に言って、ふつうの家庭がふつうにお金を貯めるうえでは、多くの貯蓄型保険は最善の金融商品ではないのです。

このあたりの現実は、みなさんもなんとなく感じていることであり、先ほど見た保険に対する満足度や自信のなさのデータにも表れているように思います。

それにもかかわらず、なぜたくさんの日本人が最善とは言えない保険に加入してしまうのでしょうか？　そこでカギになっているのが**返戻率**という数字です。

例を見てみましょう。

30歳の**Lさん**は、終身保険に加入しました。死亡保障1000万円がついてくるうえ、1万8590円の月額保険料を60歳の払込満了まで支払い続ければ、解約時には773万1000円の返戻金がつきます。

「払込総額669万2400円に対して、**返戻率は115・5%**か……。銀行なんかに預けるよりもよっぽどお得だわ！」と考えて、契約を決めました。

一方、**Mさん**も同じ終身保険に入ったのですが、彼女はまだ20歳なので、保険料が月

終身保険、トクしたのはどっち？

死亡保障1000万円

Lさん（30歳）		Mさん（20歳）
18,590円	月額保険料	13,090円
669万2,400円	払込総額	628万3,200円
773万1,000円	解約返戻金	773万1,000円
115.5%	返戻率	123.0%

保険は若いうちに入ると、「払うお金」が少しで済む

１万３０９０円で済みます。より少ない保険料で７７３万１０００円の返戻金を手に入れられるため、**Mさんのほうの返戻率は１２３・０％**です。

「じつは30歳になってしまうと、返戻率は１１５・５％まで落ちてしまう」という事実を知っているMさんは、なんだかいい買い物をした気分になっています。

さて、どちらが得をしたと思いますか？

「うーん、やっぱり保険は若いうちに入っておいたほうがいいのかな……」と思った人は、ここで資産形成エンジンの公式を思い出してみてください。

将来いくらになるか＝「金額」「利回り」「時間」で決まる

これに当てはめてみた場合、じつは返戻率のロジックには「利回り」と「時間」の概念がまったく登場していません。本来なら3つの要素が総合的に考慮されるべきなのに、**返戻率という指標においては、「将来いくらになるか」と「いくらを支払うか」という2つの「金額」だけの議論へとすり替えが行われている**わけです。

では、2人が加入した保険の「利回り」はいくらになると思いますか？

細かい計算式は省略しますが、30歳のLさんのほうは30年間の利回りは**年0・98％**、20歳のMさんのほうは40年間の利回りが**年1・03％**です。

この利回りは、銀行預金に比べればかなりいいのは事実ですが、依然として複利パワーが十分に発揮される水準とは言えません。若くして加入したMさんのほうがわずかにトクをしているように思えますが、「時間」の要素も考慮すれば、Lさんより10年も長くにわたって1・03％という低利回りに縛られているという見方もできます。

あなたが働いて得た大切なお金を、人生の30年とか40年にわたって、このような低い利回りに固定してしまう金融商品は、資産形成エンジンのパーツとしてはいささか力不足だと言わざるを得ません。

学資保険にも「同じトリック」が隠されている

じつのところ、この返戻率という数字は、資産形成を左右する利回りや運用期間とは何の関係もない、**日本の保険業界がセールスのためにつくった独自の指標**です。

一方で、貯蓄型保険を検討するクライアントさんからは、こんな質問をいただきます。

「とはいえ……返戻率が高い商品のほうが、やっぱりよくないですか？」

ごもっともです。「そりゃ、低いよりは高いほうがいいでしょう！」と思いますか？

いいえ、決してそうは言いきれません。**この日本独自の返戻率という数値は、資産形成エンジンのパワーを判断するうえでは、まったく不向きな指標**です。

生命保険ばかりを槍玉に挙げていると思われてもいけませんので、今度は**学資保険**の例で考えてみましょう。なお、学資保険とは一定の保険料を支払うことで、払込額以上の学資金を受け取れるしくみです。保険という名前がついていますが、保険本来の保障の機能は低く、終身保険以上に貯蓄・運用にフォーカスしている金融商品です。

30歳の**Nさん**は、0歳の息子さんのために学資保険の契約を検討しており、次ページの2社の商品まで候補を絞り込みました。みなさんなら、どちらを選びますか？

ここでも「利回り」の話は登場しません。商品紹介のパンフレットを見ても、あくまでも払った保険料に対して、どれだけのお金が戻ってくるかという「返戻率」だけが大きく取り上げられています。問題なのは、いくら返戻率を見比べても、どちらの商品がトクなのか、あるいは、そもそもそれぞれがどれくらいトクなのか（あるいは損なのか）が見えてこないということです。

おトクな学資保険はどっち？

α社	学資保険	β社

9,493円	月額保険料	－（一括支払い）
193万6,572円	払込総額	275万1,781円
3歳→5万円 6歳→5万円 12歳→10万円 15歳→10万円 18歳→70万円 20歳→10万円 22歳→100万円	学資金	18歳→75万円 19歳→75万円 20歳→75万円 21歳→75万円
210万円	総額	300万円
108%	返戻率	109%

しかし、
利回りを見てみると…

α社	β社
利回り 0.743%	利回り 0.444%

返戻率が高くても、利回りの参考にはならない！

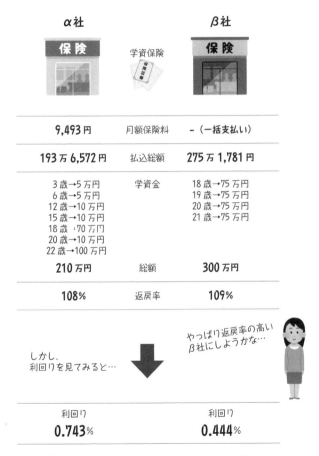

これについても、「金額」だけでなく運用する「時間」も考慮した利回りに直してみましょう。すると、α社のほうの利回りは年0・743％、β社は年0・444％になります。返戻率では敗北したα社の学資保険の利回りは、なんとβ社の1・7倍です。

誤解しないでいただきたいのですが、私は「ですから、α社の学資保険を選んだほうがいいですよ」と言いたいわけではありません。

ここで理解していただきたいのは、**返戻率がいかに意味のない判断基準か**ということです。どちらの商品も、1％以下の利回りではあまりに残念すぎます。こんな利回りでは、そもそも「運用」とは言えません。

なぜこうした逆転が起きるかというと、返戻率のロジックでは時間、つまり、受取タイミングが無視されているからです。たとえば、今日誰かに100円を預けて、明日110円もらうのと、10年後に110円もらうのでは、どちらがいいですか？　どちらも「返戻率110％」ですが、もちろん「明日の110円」を誰もが選ぶはずです。この例だけを見ても、返戻率を見比べて保険を選ぶことがどれほどおかしいのかは、ご理解いただけるはずです。

しかし、そこを素直に「利回り0・743%／0・444%」とパンフレットに書いても、顧客には魅力的には映りません。「返戻率108%／109%」と書けば、あたかも利回りが8%とか9%もあるように見えますから、私たちはついついその保険を契約したくなってしまうわけです。

ちなみに、アメリカには学資保険という商品はありません。大学進学などに必要な学資は、保険とは切り離した通常の投資商品を利用するのが一般的です。

また、**保険会社は自社商品の利益を計算するときには、返戻率などという数字は決して使いません**。返戻率は表向きの単なる**マーケティング概念**であって、ビジネスに使えるファイナンス上の概念ではないからです。

彼らも裏では、時間を考慮した利回りを必ず計算しています。顧客から集めた保険料をしかるべき利回りで運用し、それよりも低い返戻率で「解約返戻金」や「学資金」を支払うことで、企業としての利益を上げています。これは何も間違ったことではありませんが、消費者である私たちは、保険での資産運用は保険会社が言うほど得ではない可能性が非常に高いということを覚えておくべきでしょう。

最後にもう一度強調しておきますが、すべての保険商品が悪いというわけではありません。健全な売り方をしている保険会社もあるはずです。大切なのは、保険を利用する私たちが、自分の求めているものをはっきりさせ、保険会社や販売員に必要な質問をすることです。顧客のことを考える会社であれば、詳しく説明をしてくれると思います。

クイズ8人に聞きました！「正しい保険はどれ？」

「資産運用のための保険」☞94ページの問題点を見てきましたので、ここからは❷**万が一のときのための保険**という考え方の落とし穴について説明させてください。前項までがややカロリーの高い内容でしたので、このあたりでひと息つくことをおすすめします。

まずは気軽に次のクイズ「正しい保険はどれ？」を眺めてください。

クイズ「正しい保険はどれ？」

８人に「なぜ保険に入りたいのですか？」を聞きました。正しい理由で保険に入った人が１人だけいます。いったい誰でしょう？

一木さん：新社会人になって給料も入るようになりました。責任ある社会人として生命保険に入っておきたいと思います

二宮さん：独身で一人暮らしです。しばらくは仕事をがんばりたいし、いざというときは誰にも頼れないから、保険に入ろうかな……

三浦さん：働くシングルマザーです。母に「いま、あなたが倒れたら、子どもはどうなるの？」と言われて……保険を考えています

四谷さん：医療保険に入るべきか迷っています。でも少し大きな病気をすればすぐ元がとれるわけですから、やっぱり入ります

五味さん：友人がガンで突然亡くなり怖くなりました。ガンになったときのために、ガン保険に入ろうと考えています

六角さん：どうせなら一定期間しかカバーされない定期保険ではなくて、一生涯保障の続く終身保険が安心だと思っています

七尾さん：バリバリ共働きの夫婦です。どちらが倒れてもいいように、夫婦それぞれに生命保険をかけておこうかな……

八代さん：もうすぐ子どもが生まれます。万が一のときのために、子どもにも生命保険をかけたほうがいいですよね？

さて、いかがでしょうか？　正解は……

三浦さん

働くシングルマザーです。母に「いま、あなたが倒れたら、子どもはどうなるの？」と言われて……保険を考えています

でした。シングルマザーとしてお子さんを養っている彼女が亡くなったら、（預金が莫大にあったりしない限りは）お子さんの生活はままなりません。ひょっとするとお子さんは、ご両親とか親戚に引き取られるかもしれませんが、それでも生活費や学費などが必要です。三浦さん亡きあとのお子さんの人生をしっかりと守るために、彼女は死亡保障がしっかりついた生命保険に入るべきです。

一方、ほかの方々がおっしゃっている理由は、少しばかり疑問が残るものばかりです。

一木さん

新社会人になって給料も入るようになりました。責任ある社会人として生命保険に入っておきたいと思います

「保険に加入＝社会人の責任」という実直な考えの持ち主だということは伝わってきますが、保険は感情的な理由で入るものではありません。「社会人になったら、収入の○％を保険料にあてましょう」という俗説もあるようですが、保険に加入する〝責任〟などありません。まだ独身で、ご両親が一木さんに経済的に頼っているわけでもなければ、彼の給料が入らなくて困る人はいませんから、保険に加入する必要はないでしょう。

二宮さん

独身で一人暮らしです。しばらくは仕事をがんばりたいし、いざというときは誰にも頼れないから、保険に入ろうかな……

これも一木さんと同じパターンです。独身ということで、ご本人も経済的に自立しているようですし、経済的に彼女に依存している人がいるわけでもありません。死んだら誰かに頼る必要もないわけで、生命保険を買う余裕があるなら、そのお金はすべて老後の資産形成にあてるのが正解です。

四谷さん

医療保険に入るべきか迷っています。でも少し大きな病気をすればすぐ元がとれるわけですから、やっぱり入ります

「元がとれるかどうか」は保険選択の間違った基準です。そろそろ耳にタコができそうかもしれませんが、保険は万が一の大きな損失（預金だけでは歯が立たないような状況）に対処するためのものです。医療保険の払込分に収まる程度の医療費なら、預金口座に蓄えた緊急資金（☞63ページ）でなんとかするのが王道です。

五味さん

友人ががんで突然亡くなり怖くなりました。がんになったときのために、がん保険に入ろうと考えています

一般に、保険は目的限定型であればあるほど、ほんとうに買ったほうがいいのかの疑問度が上がります。裏を返せば、できるだけ多くの「万が一」に対応可能な保険を選ぶほうが賢明ということです。がんはカバーするとして、脳梗塞はカバーしなくてもほん

とうに大丈夫ですか？　脳卒中や肺炎は？　どうしても入る必要があるなら、なるべく広範囲の「万が一」を効率よくカバーする商品を選ぶのが賢明です。

六角さん

どうせなら一定期間しかカバーされない定期保険ではなくて、一生涯保障の続く終身保険が安心だと思っています

　終身保険の貯蓄・運用機能については十分に注意を喚起してきましたが、もう1つのセールストークポイントである「途中で終わらない、一生涯続く保障」はどうでしょうか？　結論から言えば、そもそも死亡保障は一生涯は要らないのがふつうです。たとえば、70歳になって子どもたちも家庭を持って経済的に自立しており、しかもご本人夫婦は年金と蓄えで生活しているのなら、もう生命保険は不要です。たとえご本人が亡くなっても、奥様が経済的に困ることはないからです。

　保険の必要度は人生のフェーズによって変わります。定期保険なら必要な期間だけ加入するフレキシブルな対応が可能ですが、終身保険はそういうわけにいきません。もちろん途中でやめることはできますが、満了前に解約すれば、大抵は損失が出てしまいます。終身保険は「一生涯、保障が続く」というよりは、「(ほんとうは必要ないのに)一生涯、保障が続いてしまう……」というありがた迷惑な商品だとも捉えられるのです。

七尾さん

バリバリ共働きの夫婦です。どちらが倒れてもいいように、夫婦それぞれに生命保険をかけておこうかな……

共働きでどちらも十分な給料を得ているのであれば、片方に万が一のことがあっても、残された方の給料で生活費を賄える可能性が高いですよね。そうであるなら、お2人とも生命保険は要りません。金銭的に困る方がいないのなら、生命保険は必要ないのです。

八代さん

もうすぐ子どもが生まれます。万が一のときのために、子どもにも生命保険をかけたほうがいいですよね？

ふつうお子さんには生命保険は要りません。わが子が亡くなれば、それはとんでもない悲しみでしょう。しかし、お子さんが亡くなることは、残されたご家族が金銭的に困ることとは関係ありませんし、その悲しみの感情は、保険金で補填するものではありません。お子さんが子役スターで、ご家族がお子さんの収入に頼っているのでもない限り、お子さんの生命保険は無駄遣いです。

保険でカバーすべき「万が一」とは？——3つの純粋リスク

ご自身に当てはまる項目はありましたか？

ここで、これらの個別ケースの解説に通底している〝万が一〟、すなわち、**リスク**の考え方を整理しておきたいと思います。

日本語でリスクと言うと、どうしても非常に悪いイメージがあり、絶対に避けるべきものだと考えている方も多いと思います。これは日常会話でも使われる意味のリスクであり、ファイナンスの世界では**純粋リスク**などと呼ばれます。たとえば、若くして死んでしまう、交通事故に遭う、病気になる、モノが盗まれるなど、**好ましくない事象が発生して損失が出てしまう可能性**のことを意味しています。

あとあとで重要になるのは、ファイナンスにおけるリスクは、必ずしもネガティブな意味を持つだけではなく、「思いどおりにならない可能性全般」を指すニュートラルな言葉だということです。

予想よりも悪い方向に結果が振れたときだけでなく、思いのほかいい結果が出る確率もひっくるめた場合は、**ビジネスリスク**という単語が使われたりもします。たとえば、「株式投資にはリスクがある」と言う場合、価格が下落して損失が出る可能性と同時に、価格が上がって利益が出る可能性も意味しています。これはのちほど触れますから、ひとまず頭の片隅に収めておいてください（☞140ページ）。

ただし保険に関して言えば、これはあくまで好ましくない事象が発生して損失が出てしまう可能性、つまり、純粋リスクに対処するためのツールです。

保険でカバーすべき純粋リスクとは？

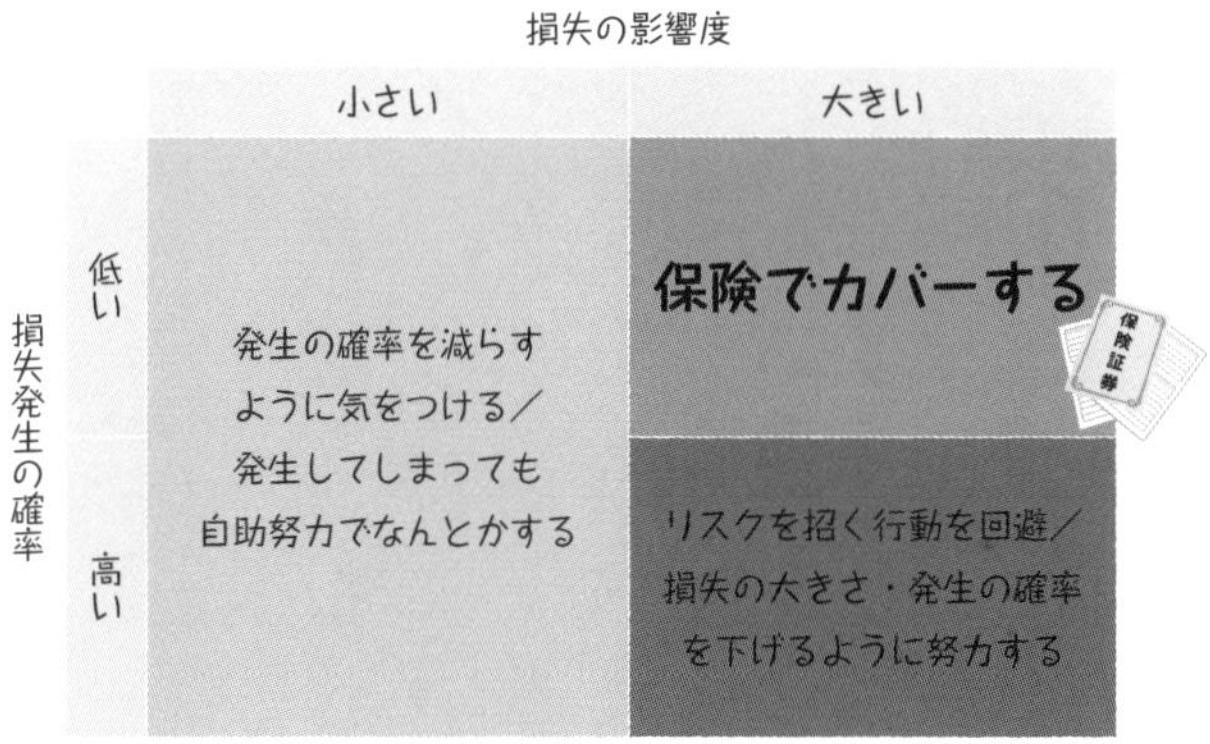

低確率だが、大きな損失が出るもの→保険が必要

しかも、すべての純粋リスクに保険が必要かというと、じつはそんなこともありません。純粋リスクはさらに上図のように分けられます。

まず、図の左側、**損失の影響度が小さい純粋リスク**について言えば、保険は必要ありません。

風邪をひけば、仕事は休まねばならないし、医療費もかかりますが、その損失は家計を困窮させるほどのものではありません。ふだんから風邪をひかないように手洗い・うがいをする、ビタミンを摂取するなどの予防策をとっておくのはもちろんですが、万が一ひいてしまったら、自己負担分の医療費は自分のポケットマネーでなんとかします。こんな損失のために保険料を払っても、受け取る保証と支払うコストの大きさが見合いませんから、保険には入らず自助努力でなんとかするのが賢明です。

では図の右下、**発生確率が高くて損失も大きいリスク**はどうでしょうか？　これはたとえば、北朝鮮やイラクなどの危険国に旅行して事件に巻き込まれるリスクとか、ビルとビルのあいだを綱渡りして落下するリスクなどです。このカテゴリーでは、そもそも損失を補償してくれる保険がない場合が多いですし、あったとしても保険料が非常に高額だったりします。保険に入る以前に、そんな危険な行動を取らないというのが、このリスクに対処する最善の方法でしょう。

というわけで、保険でカバーするべき〝万が一〟とは、図の右上、つまり、**発生の確率は低いが起こってしまったら経済的な損失が大きいリスク**です。先ほどのクイズの三浦さんが突然亡くなってしまう確率は、彼女が風邪をひく確率よりはずっと小さいですが、万が一、現実に起きてしまうと、お子さんの生活が成り立たなくなってしまいます。こういうときは、小さな保険料を収めて、将来的な保障を買っておくのが賢い選択です。

「保険のジャストサイズ」がわかるシンプルな計算式

「保険のポイントはわかりましたが、保障額はどれくらいがいいんでしょうか？」

これもマネーアドバイスでよく聞かれる質問です。具体的な金額はそれぞれの家計次第なので、なかなか簡単には申し上げられないのですが、適正な保障額を考えるときのフレームワークを最後にお伝えして、このチャプターは終わりにいたしましょう。

生命保険の死亡保障であれば、用意するのは次の2つの数字です。

❶ 残された家族に必要なお金

❷ 残された家族が使えるお金

まず❶**必要なお金**ですが、一家の大黒柱が亡くなって収入がなくなったとき、残された家族が生活していくための費用をなんとかしなければなりません。もしも家計に住宅ローンなどの負債（借金）があるのなら、その返済費用もここに乗ってきます。子どもがいれば社会人として独立するまでの学費も必要ですし、故人のお葬式にかかるお金なども、残された家族に必要なお金の一種でしょう。

とはいえ、これらをすべて保険で保障するわけではありません。もしものときの預金とか社会保障、パートナーが受け取る年金、パートナーの給与、ほかの保険で受けられる保障などがあれば、これらは**❷現時点で使える（ことになるとわかっている）お金**です。

純粋リスクの大きさを知るためには、❶の金額から❷の分を差し引く必要があります。とても単純ですが、この2つの数字の差（＝❶－❷）こそが、保険で最低限保障しなければならないお金だということになります。

必要な保障額はご家族の状況によってまちまちであり、「2000万円あれば十分」というような、わかりやすい金額基準はありません。「同僚がこのくらいの保障額の保険に入っているらしいから、うちも同じのに入っておこう」という考え方も成り立ちません。各家計がそれぞれの状況やプランに基づいて、必要額を算出するしかないのです。

もっと言えば、**純粋リスクの大きさは、同じ家計のなかでも、人生のフェーズ次第で変動します**。というよりも、家計に関して言えば、終身保険の前提となる「ずっと存在し続ける純粋リスク」などほぼ皆無なのです。

たとえば、お子さん2人を持つ**Oさん**一家の純粋リスクの変動を、人生のフェーズに沿って考えてみましょう。

フェーズ❶　お子さん2人がまだ小さい。妻も育児に専念しており、Oさんが倒れれば家計は立ち行かない（「大黒柱」期→**純粋リスク大**）

フェーズ❷　お子さんが大学4年生と2年生。学費がかかる年月もあとわずか。資産もそれなりに積み上がってきた（「巣立ち」期→**純粋リスク中**）

フェーズ❸　子どもが社会人になり自分の家庭を持った。Oさんも定年退職し、年金と老後資産で堅実に暮らしている（「リタイア」期→**純粋リスク小／無し**）

フェーズ❶では、家計がOさんの収入に依存している状況ですから、純粋リスクは大きく、生命保険による保障が欠かせません。しかし、**フェーズ❷**に入ってくると、子どもにかかる養育費もあとわずかですから、大黒柱が死亡したときのリスクは小さくなっています。あまりに保障額の大きい保険は不要なので、保障額を下げて保険料を節約することが可能になります。最後の**フェーズ❸**では、純粋リスクはほぼありませんから、場合によっては生命保険はもう不要でしょう。

このように人生のフェーズで純粋リスクの大きさは変わり、つまり保険の必要性も変わります。**細かな変更・乗り換えのしやすさという観点で考えても、やはりシンプルな掛け捨て保険がベスト**でしょう。

なお最近では、死亡保障を一時金のかたちではなく、月々（あるいは年々）に分けて支払ってくれる**収入保障保険**が人気を得ていますが、これは理にかなったしくみです。被保険者が契約期間中に死亡した場合、一定の時期（例：60歳を迎えるはずだった年）まで保障（例：月10万円）を受け取れる設計になっているので、若くして死亡すれば保障金が長期間もらえて、高齢で亡くなれば受け取りの期間が短くなります。

人生のフェーズとともに保障金のトータル額が調整されるため、掛け捨ての保険を定期的に見直すのと同じような効果を簡単に得ることができます。

＊　＊　＊

以上、「保険で資産運用をしようとしてはならない理由」と「保険でカバーするべきリスクの考え方」についてお伝えしてきました。

ぜひ、保険には保険にしかできない仕事をしっかりとやってもらい、あとの浮いたお金は、正しいかたちで資産形成エンジンに組み込むようにしてください。「発生の確率は低いが起こったときの損失が大きいリスク」をしっかりと保障してくれる掛け捨て保険をスタンダードに据えるようにし、貯蓄・運用といった余分な機能がついた商品には慎重になりましょう。

とはいえ、**すでに貯蓄型保険を契約してしまっている方は、これを読んで慌てて解約しないでください**。安易に解約すると、家計システムを組み直しても簡単に取り戻せないくらいの損失が出る場合があるからです。また、保険を乗り換える際は、空白期間ができないように、新しい保険を契約し終えてから古い保険を解約するのが基本です。

いますぐ解約するか、払済定期保険に変更するか、徐々にやめていくか、しばらく持ち続けるか——最善の対応策を吟味する必要があります。まずは契約内容を確認し、ファイナンシャル・プランナーなどに相談するといいでしょう。

さて、お疲れさまでした。ここまでが本書の守りのパートだったとすれば、ここからは攻めのパートです。いよいよ資産形成エンジンの「改造」に着手しましょう！

Chapter

4

「何もしない&平均狙い」がいちばん手堅い

ふつうの家計こそ「すべての株」を買うべき

預金も保険も、資産形成エンジンの主役にはなれないことを見てきました。だとしたら、あとはいったいどんな手が残されているのでしょうか？


「不動産投資をやって賃貸収入とか？」

「FXで儲けた人の話を聞いたことがあります」

「でも為替なら外貨預金で手堅くいったほうがいいかも……」

「いやいや、やっぱり個別株の売買でしょう？」

「いま流行りの仮想通貨取引は……？」


この本は、「お金にはあまりエネルギーをかけたくない人」のために書かれていますから、どれをすすめられても、みなさんの心はあまりときめかないと思います。あるいは、お金にそれなりに関心がある方は、すでにこれらのいくつかには手を出した経験がおありかもしれませんね。それを止めるつもりはありません。個人の趣味の範囲内で、ある程度のリスクを取るのはかまわないと思います。

では、家計システムを構築していくときは、結局、何をすればいいのでしょうか？預金や保険に入れていた余分なお金をどこに回せば、資産形成エンジンのパフォーマンスが高まるのでしょうか？

ズバリ答えを申し上げるなら、やはり**株式**です。

長期的に高い利回りを確保するためには、株式投資が不可欠なのは確実です。

「……なんだよ！ ダマされた、ここまで読んで損した〜っ！」

そうお思いの方、どうか早とちりなさらないでください。

私が言いたいのは、「トヨタとかユニクロの株を買いましょう」とか、「有望なのはバイオ関連とＩＴ業界です」とかいった投資話ではありません。

「お金のことでジタバタせずに済む堅実な家計をつくっていきたい！　でも、ある程度はお金が増えてほしい！」

そんな人にうってつけの、手堅くて手のかからない株の買い方があります。極端な話をすれば、数年に1回程度のメンテナンスさえすれば十分であり、あとは口座残高を確認する必要すらありません。

「でも、経済や経営のことは素人だし、どの株を買えばいいのかなんてわかりませんよ！」

その点もご安心ください。サブウェイ☞10ページのように買うべき株を〝選ぶ〟作業も要りません。なぜかと言えば、**これからお伝えする方法は、市場に出ている〝すべての株〟をまんべんなく買う**からです。

すべての株？　……「ふつうの家計」にそんなことが可能なんでしょうか？

「インデックス投資信託」のわかりやすい説明

あんまりもったいつけてもいけませんから、先に答えを言ってしまいましょう。私がこれからおすすめするのは、**インデックス投資信託**（**インデックスファンド**とも呼ばれます）という商品を使ったやり方です。預金や保険に回っていた余計なお金を、これに投入すれば、家計本来の複利パワーを取り戻すことができるのです。

どの株を買うかを選ぶのは大変ですし、1株あたりの価格が高いものだと、個人ではなかなか手が出ないものもあります。そこで生まれたのが**投資信託**です。これは、投資のプロフェッショナル（**ファンドマネジャー**）にお金を託し、彼らに投資業務を代行してもらうしくみです。ファンドマネジャーは、託されたお金を集めて、あらかじめ約束したルールでまとめて投資し、利回りをみんなに分配還元します。この業務に対して、彼らは**手数料**を報酬として得ます。

「でも……会ったこともなければ、実力もよくわからないファンドマネジャーなんて人に、大事なお金を任せるなんて、どうかしているとしか思えません！」

もっともな疑問だと思います。「信じて託す」という文字だけを見ると、多くの人はそんな印象を抱くかもしれません。

しかし、これからお話しするインデックス投資信託であれば、ファンドマネジャーの実力とかキャラクターはほとんど関係ありません。

なぜなら、**インデックス投資信託は、「誰がやっても同じ結果になるような運用」をしているから**です。そのためにはまず、インデックスとは何かを理解しておく必要があります。例で考えてみましょう。

P社、Q社、R社の3つしか株が存在しない架空の株式市場を考えてみましょう。各社の株価は先月から今月にかけて次ページの表のように推移しており、3社の発行株式数はカッコ内の数字だったとします。

３銘柄だけが存在するマーケット

	先月 →	今月
株券 P社（株式発行数2000株）	50円	40円
株券 Q社（株式発行数1000株）	100円	60円
株券 R社（株式発行数1000株）	300円	500円

この市場の「平均株価」はどう変化したか？

個別株の価格はさまざまに変動していますが、このマーケット全体の調子を見るときに役立つのが、**インデックス（指数）**です。これはすべての銘柄の平均値であり、株式市場のインデックスは**平均株価**などと言われます。

ニュースなどでよく耳にする**日経平均株価（日経平均225）**というのもこの一種ですし、日本だとこれ以外に**TOPIX**《トピックス》**（東証株価指数）**、アメリカだと**S&P500**とか**NYダウ**（ダウ工業株30種平均）とか**ナスダック総合指数**（NASDAQ）などが有名ですね。

この架空の株式市場の平均株価を計算してみましょう。

・先月の平均株価　125円

＝｛(50×2000)＋(100×1000)＋(300×1000)｝÷4000

・今月の平均株価　160円

＝｛(40×2000)＋(60×1000)＋(500×1000)｝÷4000

平均株価を計算すると、先月125円から今月160円に変化していますから、このマーケットは先月と比べると調子が上がってきていると言えそうです。

このとき、みんなからお金を託されたファンドマネジャーにもいろいろいて、マーケット分析を通じてさまざまな戦略を立てる人もいます。たとえば、「マーケットが好調なわりに、P社はまだ株価が低すぎる。今後もっと伸びるはずだから、多めに持っておこう」という具合です。もう少しリスクに敏感なファンドマネジャーであれば、「来月は揺り戻しを覚悟して、R社の株は減らしておこう」などと考えるかもしれません。

インデックス投信とは「市場の縮小コピー」

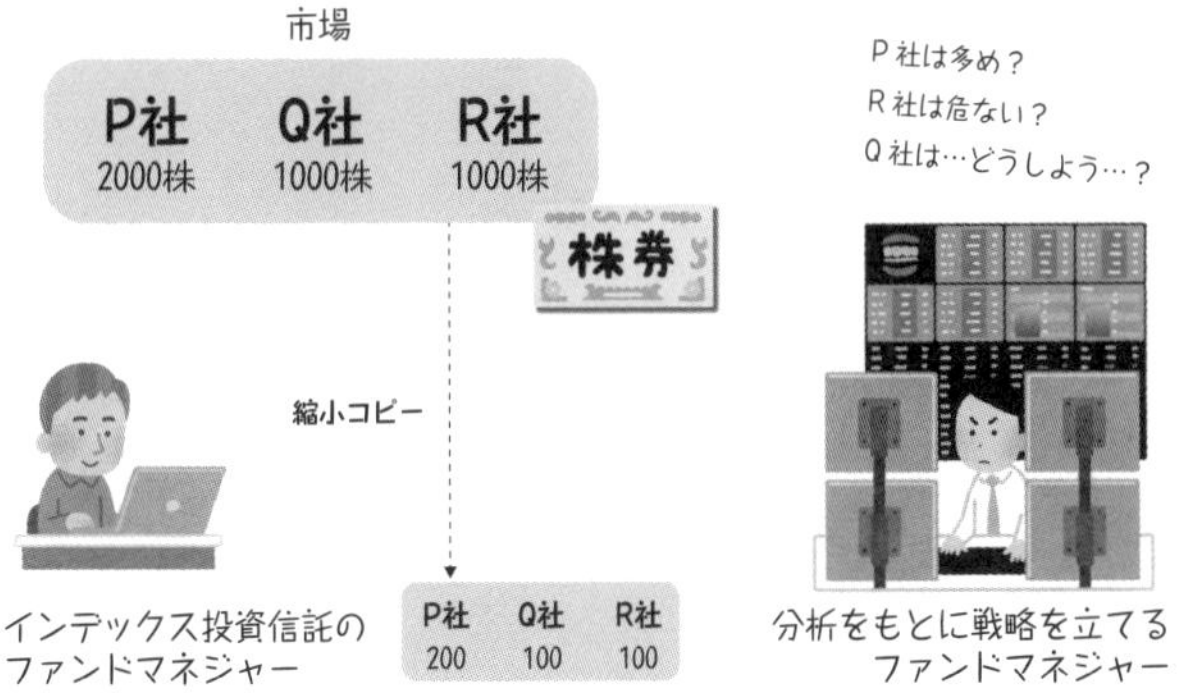

「市場平均」を狙うため、誰がやっても同じ結果！

一方、**インデックス投資信託のファンドマネジャーは、そうした個別の判断はしません。**

何をするかと言うと、**その市場に存在する全株銘柄を市場と同じ比率で購入します。**３社の発行株式数の割合（P社：Q社：R社＝２：１：１）にしたがって、すべての株を機械的に保有するのです（たとえばP社２００株、Q社１００株、R社１００株）。

これが「誰がやっても同じ結果になるような運用」の正体です。インデックス投資信託は、市場平均を追いかけて機械的に行われるため、金融機関やファンドマネジャーごとの特性にほとんど左右されません。

実際のインデックス投資信託も、前述の「日経平均225」とか「NYダウ」といった特定のインデックスに連動しています。

インデックス投資信託とは、**「市場全体の縮小コピー」を商品化したもの**だと言えるでしょう。このとき、どの株をどれくらいの比率で持つかについて、人間の判断はほとんど介在しません。ただひたすら〝平均株価〟を狙い続けるのが、この投資の特徴なのです。

ひとまずインデックス投資信託がどういうものかについては、なんとなくイメージをお持ちいただけたでしょうか？

それにしても、いったいなぜこんな「平均狙い」が、ふつうの家計にとって最強の資産形成エンジンになり得るのか？　きっと不思議に思われると思いますので、それについて説明していきましょう。

なお、ここからはちょっとだけ省略して、**インデックス投信**という略称を使いたいと思います。

〝賢明な小心者〟のための「リスク低減の王道」

インデックス投信の利点はいくつかありますが、何よりのポイントは、**その市場のなかで「最も小さなリスク」だけを取りつつ、そのリスクの範囲内では「最も大きな利回り」を確保できること**です。

個々の株式には価格の上下があり、保有には一定のリスクがあります。しかし、市場にあるすべての株をまるごと買ってしまうインデックス投信では、リスクをきわめて小さくしながら、利回りもある程度は大きく維持できることがわかっているのです。

しかもこれは、**過去にはノーベル賞も受賞しているファイナンス理論（現代ポートフォリオ理論）に基づいた標準的な考え方**です。潤沢な資金があるお金持ちや金融機関であれば、大きなリスクを取る余裕もあるかもしれませんが、自分たちが生活していくだけのお金があれば十分な、ふつうの家計は、こうした〝スタンダード〟を踏まえて動くべきです。

さて、ここで思い出していただきたいのが、純粋リスクとビジネスリスクの話です☞119ページ。純粋リスクとは損失の可能性だけがあるリスクですので、保険で対応すべきものでした。一方でリスクには、損失と利得のどちらの可能性も含んだ**ビジネスリスク**があります。「株式投資にはリスクがつきもの」などと言う場合は、この種のリスクを指しています。トヨタ株を持っていれば、それは値上がりして利益をもたらしてくれるかもしれませんし、価格下落による損失もあり得ます。これがトヨタ株のビジネスリスクです。

ところで、このビジネスリスクは、（ちょっとややこしいのですが……）さらに2つのリスクから構成されています。

・**市場リスク**――市場全体に影響するリスク。マクロ的要素に起因する
・**個別株リスク**――その株独自のリスク。株式を発行する会社に起因する

市場リスクは、景気や金利の動向、政策、気候、災害などマクロな変化によるものですから、**なかなか個人ではコントロールできません**（じつは方法はありますが、それはのちほどお話しします☞158ページ）。

「純粋リスク」と「ビジネスリスク」

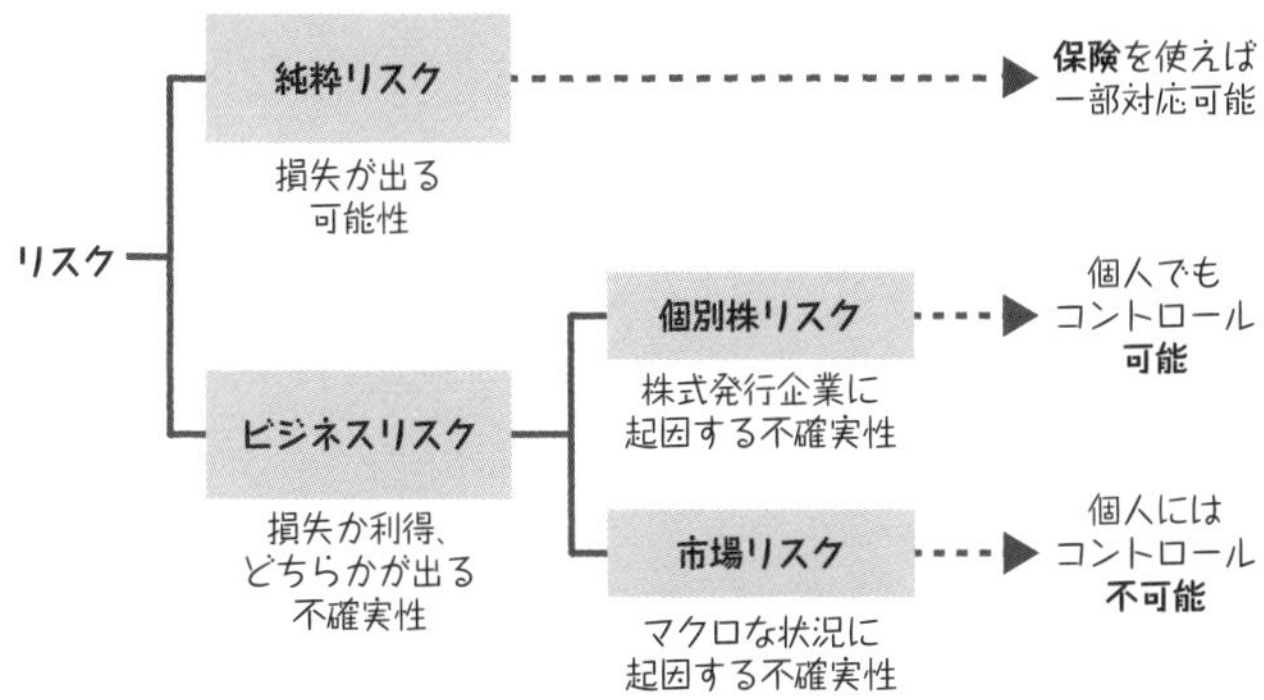

個別株リスクは「分散投資」でコントロールする

一方、**個別株のリスクを小さくすることは簡単にできます。**それが**分散投資**という方法です。トヨタ株しか持っていない人は、その株価変動の影響をもろに受けてしまいますが、値動きの異なる株を持っておくと、それぞれの利益と損失が打ち消しあって平均化され、全体として変動の幅がなだらかになる効果があります。

ふだんの日常会話でも「リスク分散が大事だよ」などとよく言いますから、〝1つだけ〟よりも〝いろいろ〟のほうがリスクが小さくなるということは、なんとなく直感的にわかるのではないでしょうか。なお、こうした複数の資産の組み合わせを、**ポートフォリオ**といいます。

いちばん安全に、いちばん手堅く稼ぐには？

分散投資の効果をより具体的にわかっていただくために、例を見てみましょう。

❶～❺まで5つの株式があり、5年間の利回りが次ページの表のとおりだったとします。その年ごとに絶好調だったり絶不調だったりと波の激しい「ジェットコースター型」の❶から、どちらかというと安定している❺まで、値動きの激しい順に株が並んでいます。

表のいちばん右の数字は、**標準偏差**という数値ですが、**それぞれの株のリスクを数値化したもの**だとお考えください。数値が大きいほど値動きの波が激しく、リスクが大きいということになります。

このとき、❶だけにすべての資金をつぎ込むと、リスクは当然、24・7％になります。ここでは、分散投資の効果を見ていただくために、どの株も最終的には年平均3・0％の利回りが出るように数値を調整してあります。しかし、この株は利回りのアップ＆ダウンがかなり激しいので、資金をつぎ込んだ人からすれば、かなり心臓によくない状況

ポートフォリオによるリスク分散

	利回り			標準偏差
	平均	最高	最低	（リスク）
株式❶	3.0%	38%	-20%	24.7%
株式❷	3.0%	19%	-19%	16.5%
株式❸	3.0%	18%	-18%	15.0%
株式❹	3.0%	14%	-9%	10.9%
株式❺	3.0%	14%	-8%	9.4%

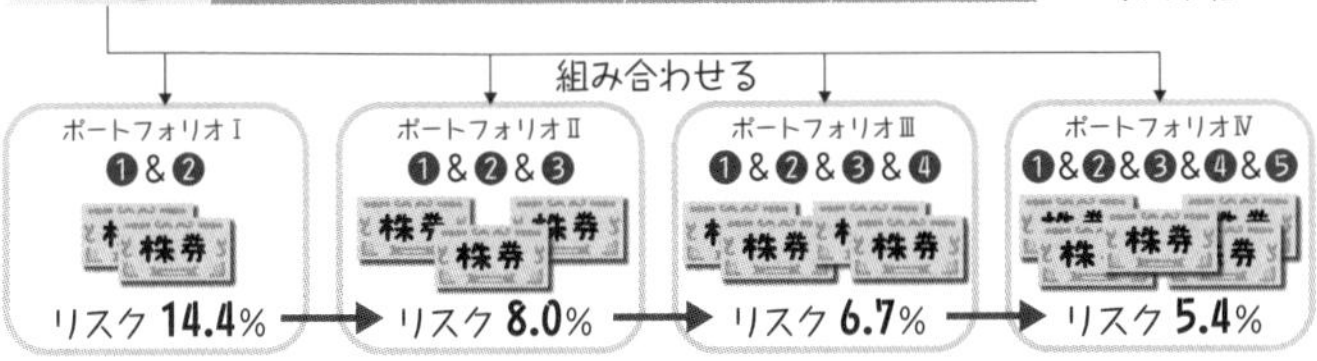

リスクは下がるが、利回りは3.0%のまま！

が続くでしょう。

　このようなハイリスク投資では、大きな価格変動のプレッシャーに耐えられず、なかなか正常な意思決定ができなかったりもします。

　では、❶と❷に半分ずつの資金を入れる（**ポートフォリオⅠ**）と、どうなるでしょうか？　図にあるとおり、リスクは14・4%に低下しています。さらに大事なのは、このような分散投資をしても、最終的な利回りは年平均3・0%のままだということです。

　さらに、❶～❸に1／3ずつの比率で分散投資（**ポートフォリオⅡ**）すれば、リスクはさらに8・0%まで下がりますし、すべての株（❶〜❺）を均等に購入した分散投資（**ポートフォリオⅣ**）では、利回りが3・0％のまま、リスクは5・4％まで下がりました。これは、株式❶〜❺のうち最も低リスクの❺よりも低い数字です。単に混ぜ合わせたことで、利回りはそのままに、リスクだけ下げられたことがわかりますね。

これが分散投資によるリスク分散のパワーです。現実の投資においては、それぞれの株の利回りは異なりますし、高利回りの株に低利回りの株を加えれば、リスクだけでなく利回りも低下します。しかし、それほど利回りを犠牲にせずに、リスクは小さくできることが、分散投資のポイントです。よくハイリスク・ハイリターン、ローリスク・ローリターンと言いますが、分散投資によるリスク分散では、このルールは当てはまりません。**ローリスク・まあまあリターン**が実現できるので、利用しない手はないのです。

「でも……どの銘柄とどの銘柄を組み合わせればいいかなんて、わかりませんよ！」

ご安心ください！　結局、**個別株リスクがいちばん小さくなるポートフォリオとは、市場にあるすべての株をその構成比率に応じて購入したもの（マーケット・ポートフォ**

「分散投資」で個別株リスクを極小化する

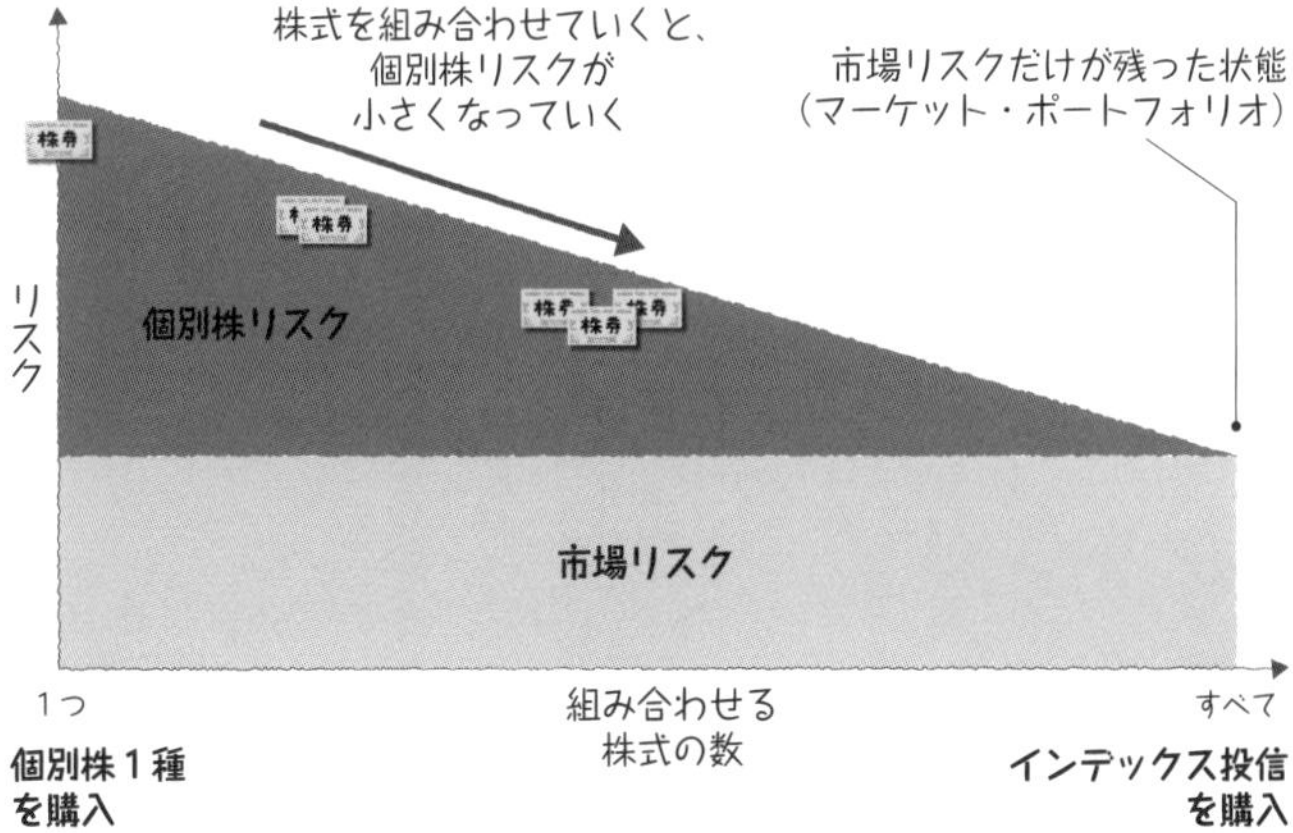

リオといいます）だということがわかっています。

　市場にあるすべての株をポートフォリオに加えていくと、**それぞれの株が持っていた個別株リスクはすべて消えてなくなり、市場リスクだけが残る**のです（なぜそうなるかは本書では説明しませんが、どうしても気になる方はファイナンス理論の教科書をご覧いただければと思います）。

　しかしながら、もし市場内のすべての現物株式をその発行比率に応じて購入するとなると、莫大な費用が必要になります。日経平均に含まれる225銘柄を購入するだけでも、手間や手続きにかかる時間は相当なものになるでしょう。

ここで出番となるのが、市場のすべての株を等しくポートフォリオに組み込むことを可能にしたインデックス投信です。

投資手続きはファンドマネジャーが代行してくれますし、とんでもないお金持ちでなくても、1万円しか元手がない個人でも、額に応じたサイズの「市場の縮小コピー」を簡単に持つことができます。

個別株リスクから自由になりながらも、すべての株式の利回りの〝平均〟だけはちゃっかり稼げてしまう——それこそが、この方法の最大の強みです。最近のアメリカでは、年金機構などの大型の機関投資家までもが、インデックス投信を利用するようになっています。

「がんばる」対「がんばらない」……勝敗はついた！

このインデックス投信は、**バンガード社**の創始者である**ジョン・ボーグル**氏の手によって、1975年に初めてこの世に誕生しました。

彼がS＆P５００というアメリカの株価インデックスに連動する投資信託を立ち上げた当初、このアイデアは「ボーグルの愚行」などと呼ばれ、嘲笑を浴びたといいます。人よりも秀でること、人とは違っていること、前へ前へと出ること、ユニークであることを重んじるアメリカでは、「平均狙いの金融商品」などには、誰も見向きもしないだろうと笑われたわけです。

しかし、この世界で最初のインデックス投信は現在、約32兆４６００億円の資産高を誇るVanguard 500 Index Fundとして存続しており、投資信託評価会社のモーニングスター社からは最高ランクのゴールドレーティングを与えられています。バンガード社はいまや、ボーグル氏が掲げた「徹底した低コスト、明確な手数料提示、顧客への利益還元」という社命を維持したまま、約４００兆円の投資資産を抱える**全米市場ナンバーワンの投資信託会社**に成長しました。

最初は小馬鹿にされ、みんなから嘲笑されていたインデックス投信は、この40年以上の歳月をかけて人々に受け入れられてきたのです。かく言う私も、バンガード社の大ファンの一人です。

一方、インデックス投信にはいまだに根強い反対派がいます。彼らの言い分はこうです。

「市場全体を持つということは、勝ち組の株だけでなく負け組の株も持つということだ。負ける株までわざわざ持つなんて馬鹿げている！」

どうでしょうか？　なかなかもっともらしい意見だとは思いませんか？

平均を狙うにしても、あまり優秀とは言えない銘柄は排除したほうが、平均の利回りはよくなるように思えます。それなら、株価チャートの値動きのパターンとか、過去の利回りとか、企業の財務情報を見たりしながら、有望な株を選抜し、それらをしっかり組み合わせるポートフォリオをつくったほうが、はるかに高い利回りを稼げるのではないか、というわけです。

このように、独自の予測に基づきながら、勝ち組と思われる株だけを買おうとするスタンスを**アクティブ投資**といいます。これに対し、インデックス投信は、誰がやっても同じような結果になるのが特徴でしたね。将来の値動きの見極めとか株式の選定はしないで、市場内の株式をただ同じ比率で買うだけの「受け身」のスタンスですから、こちらは**パッシブ投資**と呼ばれます。

「攻めの運用」はとにかく高コスト……

さて問題は、「アクティブ投資はほんとうに成果が出るか？」です。つまり、がんばって情報や理論を駆使して銘柄を選び、勝ち組株を選ぼうとしたほうがより儲かるのか、ということですね。

じつを言うと、これについてはもう「答え」がほぼ出ています。どうやら、私たちがアクティブ投資を選んでも、あまりいいことはなさそうです。その理由は次の２つです。

理由❶ アクティブ投資よりも、パッシブ投資のほうが手数料が低い
理由❷ アクティブ投資よりも、パッシブ投資のほうが利回りが高い

まずは**手数料**についてですが、じつは投資信託を扱っているファンド企業が、どれくらいの割合の手数料をとっているのかということは、アメリカでも2000年初頭くらいまではあまりオープンにされていませんでした。

いまになってようやくわかったことでありますが、かつては、顧客が知らないのをいいことに、高額な手数料を貪るファンド企業がたくさんありました。しかし、サブプライム問題やリーマンショックなどを経て、「潤うウォールストリート」のしくみが明らかにされ、アメリカでも手数料開示や低手数料化の流れが進んできたわけです。

なお、日本の投資信託の手数料には次の3つがあります。これらはゆるやかに相関していて、どれも低い投信があったかと思うと、どれも高い投信もあります。一般的に前者はパッシブ型のインデックス投信、後者はアクティブ投資をウリにする投信です。

❶ 購入時手数料
❷ 信託報酬
❸ 解約時信託財産留保

投資信託にかかる「３つの手数料」

	発生タイミング	説明
❶ 購入時手数料	購入するとき	購入金額の一定割合が差し引かれる。購入元・購入形態によって金額が変わる。0円の場合はノーロードと呼ばれる。
❷ 信託報酬（運営管理費）	保有期間中（継続的）	投信の保有額に応じて日々支払う費用。年率（％）で表示され、自動的に引かれる。ファンドによって大きく開きがある。
❸ 解約時信託財産留保	換金するとき	投信を解約する際に徴収されるお金。販売会社が受け取るのではなく、信託財産に留保される。差し引かれない商品もあり。

継続的にかかる「信託報酬」にはとくに注意！

アクティブ投信とパッシブ投信とを比較したとき、大きな差が出るのが**❷信託報酬**です。

日々ニュースを追い、企業の財務情報を調べ、データ分析し、モデリングし、売りか買いかの判断をし、それを実行する――アクティブ投信のファンドマネジャーの手間と努力は非常に大きくなりますから、コストもかかります。その分、信託報酬も多めに取らないと割に合いません。

一方、インデックスの動きに合わせて機械的に売買をするだけのパッシブ投信では、ファンドマネジャーの〝がんばり〟は要りません。当然、信託報酬も低めに設定する

初期投資30万円を年利5％で運用

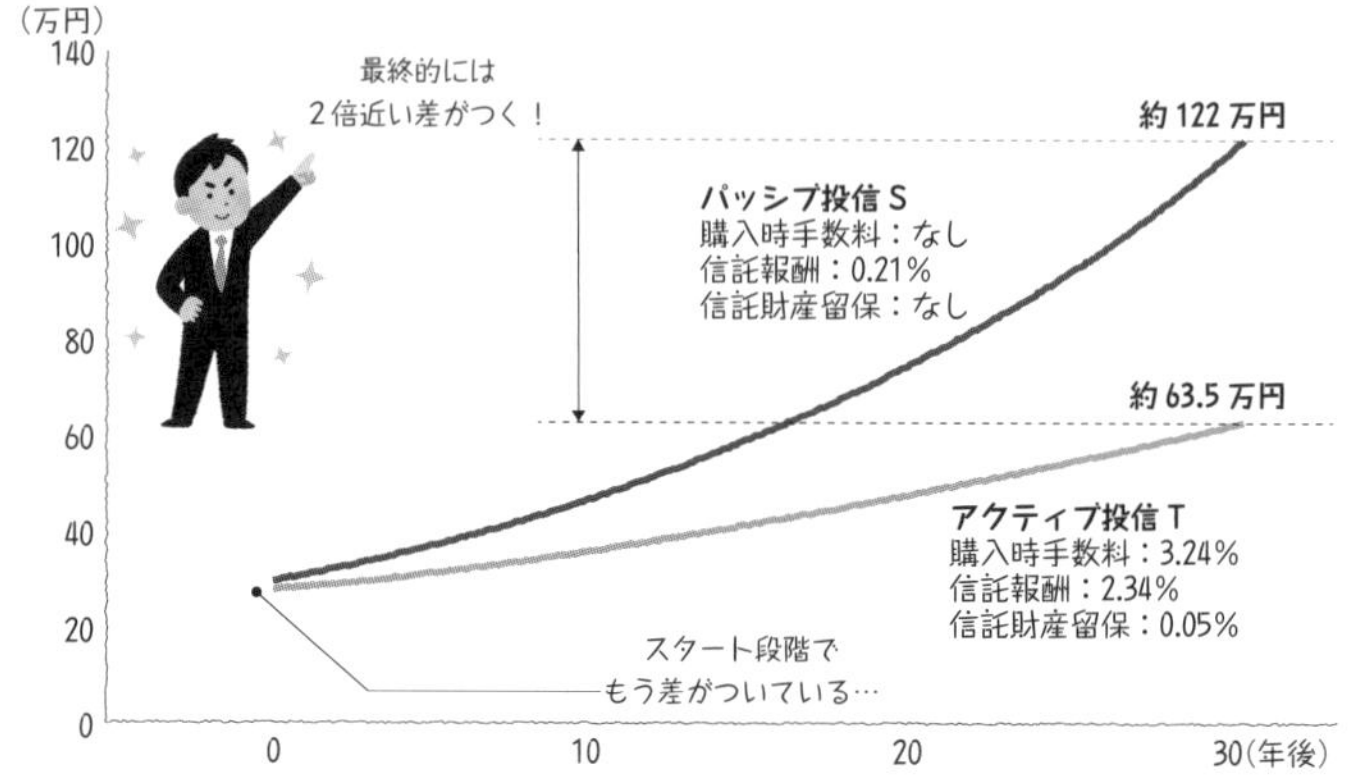

同じ運用成績でも、手数料で大きな差が出る…

ことができます。

また、高い手数料は、投資信託の利回りを大きく引き下げます。上のグラフをご覧ください。

パッシブ投信Sと**アクティブ投信T**にそれぞれ30万円を30年間投資した場合のシミュレーションです。どちらも運用成績は5%なのですが、実際の利回りには大きな差が出ていますね。この差は手数料に起因するものです。

投信Sはパッシブ型なので、購入時手数料や解約時信託財産留保はなく、単に0・21%の信託報酬が設定されているのみです。投資した30万円は、30年後には約

122万円にまで伸びました。

一方、投信Tは、購入時手数料3・24％がかかるため、まず元本が29万2８0円に目減りした状態からのスタートになっています。さらに、信託報酬が2・34％と高いので、5％の利回りからそれを差し引くと、実質的には2％未満の利回りしかありません。きわめつけは、解約時にかかる0・50％の信託財産留保です。結果、手元に残るのは63万円程度……投信Sの半分くらいの利回りです。

アクティブ投信の勝利は〝たまたま〟である

「アクティブ投信でいい成績が出せれば、手数料が多少高くてもいいいんじゃない？」

なるほど、そのとおりですね。それならいいのですが、現実にアクティブ投信とパッシブ投信を比較すると、**〝がんばる〟タイプのアクティブ投信は、実際の運用成績から**

手数料を差し引いた「純利回り」の点でも劣っていることがわかっています。

ファイナンス関連の学術論文でも、研究機関のリサーチでも、これまで数多くの比較研究がなされており、「アクティブ投資で恒常的に勝ち続けるのは不可能だ」というのが一貫した研究結果です。

「優秀なファンドマネジャーなら、勝ち続けられるんじゃないの？」

いや、そうもいかないようです。たとえば、バンガード社のリサーチ*によれば、過去5年で上位20％の成績を上げたファンドマネジャーのうち、次の5年間もトップ20％にとどまったのは15・6％のみでした。逆に、46・6％は、次の5年で下位20％に落ち込むか、投信そのものが消滅してしまっています。

もちろん、あるファンドマネジャーが大勝ちをして、すばらしい運用実績を出すことはつねにあります。

ただ、**そのファンドマネジャーが将来もずっと勝ち続けることはほとんど不可能**です。

つまり、大勝は〝たまたま〟の要素が大きいのです。

* Harbron, G. L., Roberts, D. R., & Rowley Jr., J. J. (2017). The case for low-cost index-fund investing. *Vanguard Research*. [https://personal.vanguard.com/pdf/ISGIDX.pdf]

考えてもみてください。企業アナリスト、インダストリアナリスト、マーケットアナリスト、為替アナリスト、経済アナリストなど、ありとあらゆる専門家が世界中でマーケットの分析をしています。しかも、その情報はネットワークを通じて、一瞬のうちに全世界に行きわたります。

その情報を見張っているのは人間だけではありません。いまやモデル化されたプログラムが、24時間休むことなく全世界のマーケットをウォッチしており、ナノ秒単位の速度で売り買いの判断を下しています。

こんな世界で「勝ち続けろ」と言うほうが無理があると思いませんか？

世界一の投資家も認めた「インデックス投信」

どれだけマネーの世界に疎《うと》い人でも、**ウォーレン・バフェット**氏の名前を聞いたことはあるのではないでしょうか？　世界最大の投資持株会社である**バークシャー・ハサウエイ社**のCEOで、世界一有名な投資家と言ってもいい人物です。

彼は10年前の2007年、とある「賭け」をすると公言しました。*

「2008年1月1日から2017年12月31日までの10年間、手数料を差し引いた純利回りベースで成績を測った場合、ヘッジファンドを組み合わせたポートフォリオが、S&P500に勝る成績を出すことはない」

ヘッジファンドというのは、アクティブ投資のなかでもきわめてアクティブな投資をするファンド、いわば「がんばる投資」の王様です。彼らは、株式だけでなく、一定の利回りが見込めるものであれば、土地、不動産、外貨、金融派生商品（デリバティブ）など、なんでも取り込んで運用を行います。また、他人からお金を借りて投資するスタイル（**レバレッジ**）も取るため、ハイリスクではあるものの、「当たればデカい」という可能性を秘めています。かたや、S&P500というのは、アメリカのインデックスの1つです。バフェット氏がこの賭けで実際に選んだのは、前出の「ボーグルの愚行」と嘲笑されたVanguard 500 Index Fundでした。

バフェット氏の賭けに乗ったのは、プロテジェ・パートナーズ社のテッド・セイデス氏でした。彼は数あるヘッジファンドのなかから「これは！」と思う5つを選び、勝負

* "Over a ten-year period commencing on January 1, 2008, and ending on December 31, 2017, the S&P 500 will outperform a portfolio of funds of hedge funds, when performance is measured on a basis net of fees, costs and expenses." *Long Bets* [http://longbets.org/362/]

に出たのです。

さて、「インデックス追随のパッシブ投信」対「アクティブ運用の王者たち」による対決の結末やいかに……？

結果はちょうど10年後の２０１７年12月末に出ました。

もちろん、バフェット氏の大勝です。この10年間のVanguard 500 Index Fundの利回りは年平均７・１％。一方で、ヘッジファンド５つのほうは、なんと２・２％という惨《さん》憺《たん》たる結果でした。バフェット氏はこう語っています。*

「高額な信託報酬を取っているウォールストリートのファンドマネジャーたちは、たしかに数兆ドルの投資資産を運用しているかもしれません。しかし、それによって潤うのは信託報酬を手にするファンド会社であって、投資家たちではないのです。投資家は投資額の大小によらず、低手数料のインデックス投信に徹するのがいいでしょう」

以上からわかるとおり、確実に利回りを上げるために必要なのは、がんばって商品を研究して、「儲かりそうな投資信託」を選ぶことではありません。

---

* Hunnicutt, T. & Stempel. J. (2017) Warren Buffett rails against fee-hungry Wall Street managers. *REUTERS*, FEBRUARY 25, 2017. [https://www.reuters.com/article/idUSKBN1640F1]

パッシブ運用に徹したインデックス投信、そのなかでもなるべく手数料の低いものを選ぶのが、最も シンプルで最も確実な方法です。この基本だけ押さえれば、巷《ちまた》に出ている「投資信託選びの情報」のほとんどは無視してかまわないと言っていいくらいです。

なぜ「下落」を恐れる必要がなくなるのか

さてここまでで、市場の株式すべてを持つインデックス投信こそが、ふつうの家計にとっては最善の選択肢だという話をしてきましたが……それでも、やっぱり二の足を踏む人はいるでしょう。

「個別株リスクを消しても、市場リスクは残るから、やはりマイナスは出るんですか?」

「いいえ、そんなことはありませんよ!」という答えを期待している方はごめんなさい。答えは「はい、そのとおり! 大きな下落を見ることは必ずあります」です。ご指摘のとおり、個別株リスクを排除しても、市場リスクは残ります。

たしかに、個別株ほどではないにしろ、市場全体が大きく落ち込む可能性はつねに残りますし、メディアの報道なども相まってパニックが広がれば、売りが殺到して暴落することもあります。市場リスクは価格上昇の可能性も含んでいますから、下がったと思ったら今度はいきなり上がり出すことだってあるでしょう。

次に上がるか下がるか予測できないデタラメさ（**ランダムウォーク**）こそが、株価のいちばんの特徴です。日経平均やＮＹダウといったインデックスでも、この点は変わりません。明日の数字がどうなるかは、誰にもわからないのです。

では、この市場リスクはまったくどうにもならないのでしょうか？

じつは、株価のクレージーなランダムウォークは、**インデックス投信を長期的に（少なくとも10年以上）保有する人にとっては、それほど恐ろしいものではありません。**

なぜなら、市場には**平均回帰**という性質があるからです。短期的に見れば、市場には必ず予測不可能な価格の騰落《とうらく》がありますが、それは時間軸を広く取れば取るほど、長期的には平均値に戻っていき、大きなトレンドへと立ち戻っていきます。

実ビジネスの世界では、トレンドの大きな移り変わりがありますから、個別株に関しては、一度価格が下落したまま元どおりにならないケースは少なくないでしょう。しかし、市場平均に投資するインデックス投信では、トレンドはそう簡単には変わりません。

過去のマイナス局面は「すべて消去」できる

例として、次ページのグラフをご覧ください。こちらは、S&P500というアメリカの株価インデックスの年間利回りの推移（1928〜2015年）です。最高利回りは1954年の52・56％、最低利回りは1931年のマイナス43・84％、まさに天国と地獄ですね。

とはいえ、その2年が超例外的ケースかというとそうでもなく、30〜40％という利回りが出ている年はちらほらありますし、逆に2ケタの暴落も決して少なくありません。

S&P500年間利回り推移（1928-2015）

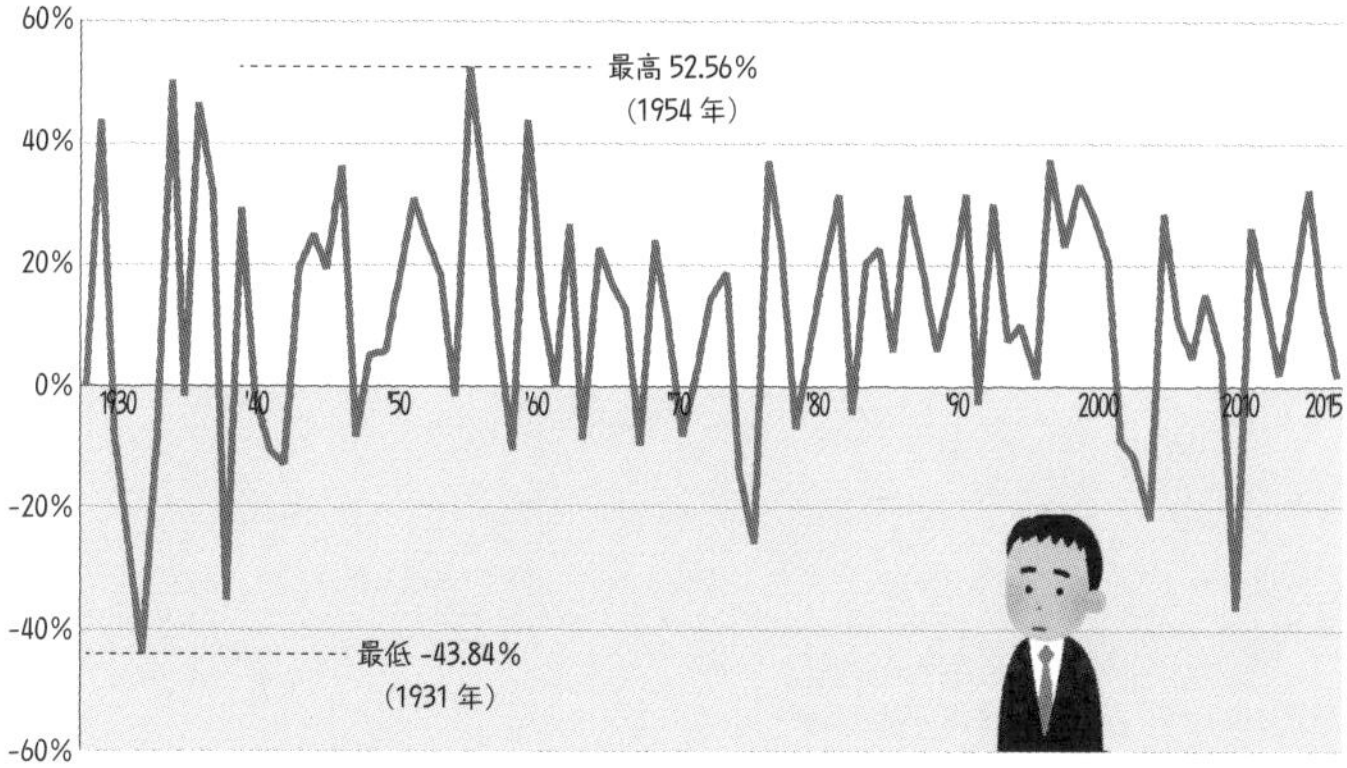

まったく気まぐれなランダムウォークの世界

まずここで確認していただきたいのは、数年のあいだで「だんだん」とか「徐々に」という傾向が見られないことです。明白なルールがないまま、気まぐれにピョンピョンとジャンプしている、まさにランダムウォークが特徴です。

「前年がよかったから次の年もいいだろう」とか「そろそろ下落局面が来る」などという予想ができなさそうだということはおわかりいただけるのではないでしょうか。

多くの人はどうしても、このグラフの「マイナス局面」が気になるはずです。そんな人のために、ここからマイナスを消してご覧に入れましょう。

……用意はいいですか？

S&P500年間利回り移動平均

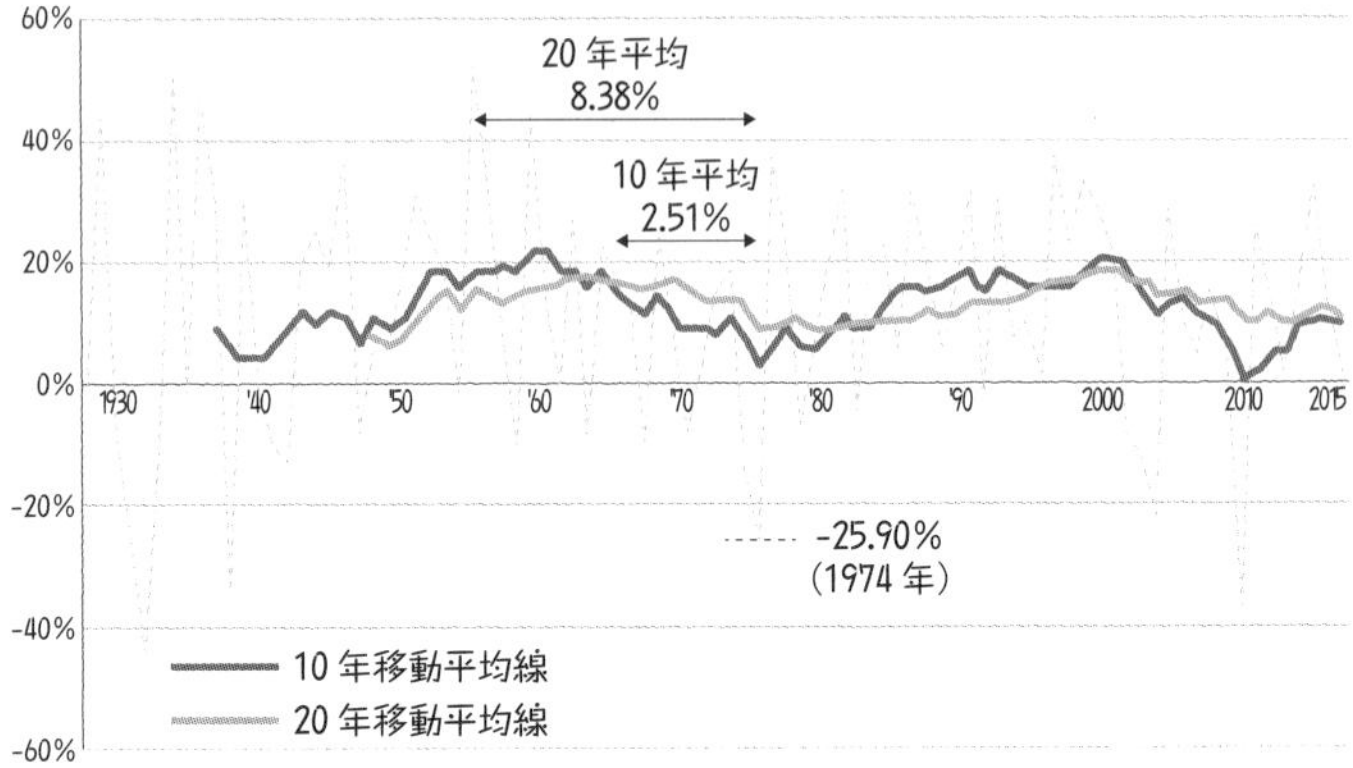

長期投資こそがランダムウォークを克服する手段

いかがでしょうか？（上図）

これは同じデータを「10年平均」と「20年平均」に直したものです。その年から過去10年・20年を遡ったときの年平均利回りに直すと、じつは**S&P500インデックスの利回りがマイナスになったことは、過去90年のうちで一度もありません。**

つまり、このインデックスに連動した投資信託があったとして、これを10年以上保有し続けてさえいれば、どのタイミングで購入しても、損をする人はゼロだったわけです。

たとえば、1974年の利回りはマイナス25・90%と大きく落ち込んでいますが、もし１９６５年から１９７４年までの10年間にわたって投資を続けていたとすれば、年平均２・５１％の利回りは確保できていることになります。あるいは、１９５５年から20年間にわたって投資していた人は、なんと年平均で８・３８％の利回りです。

これが長期保有による平均回帰の力です。**10年とか20年の単位でインデックス投信を買っている長期投資家にとっては、たまたま1年だけ25％を超えるマイナス局面があろうとも、その程度の下落はまったく恐るるに足りない**のです。

「機を見る人」こそ、損をする！

長期投資では、大きく儲かった局面と大きく損をした局面の「平均」をとっているわけですから、当然のことながら、大儲けのチャンスも少なくなります。しかし、とにかく元本を割るようなマイナスは絶対避けたい人にとっては、インデックス投信の長期保有（＝**何もしない**）こそが心強い味方になります。

人間はいちばん直近に起きたことの印象に左右されやすいため、「いま、価格が高い／低い」という事実に影響を受けて判断を下しがちです。しかし日々の騰落は、長期的に均《なら》してみれば誤差のようなもの。ゆくゆくは平均的な価格トレンドへと戻っていくわけですから、じっと何もせず待っているのが最善手なのです。

個々の株の動きはもちろんですが、株価指標の変化なども気にする必要はありません。いったんインデックス投信での運用をはじめたら、あとは「何もしない」のが大原則です。これは極論かもしれませんが、株価関連のニュースも見ない、新聞の経済ニュースも読まない、ただ持ち続けるだけで大丈夫です。

ところが、その**「何もしない」というのが、人間にとっては意外と難しい**のです。

「100年に一度の金融危機」というヘッドラインがニュースを駆け巡れば、「これ以上損失が膨らむ前に、なんとかせねば……」という心理が働きますし、「日経平均、バブル期以来の最高値」という情報を知れば、「いまは割高だから、買うのはやめておこう」などという気持ちが生まれてきます。

「安いときに買って高いときに売る」――マーケットタイミングを踏まえた行動は、一見すると賢い選択であるように思えますね。しかし、このような足元のニュースや専門家のアドバイスに影響された投資判断は、じつは非常に危険です。

例として、2004年から2013年の10年間におけるアメリカ株式市場（S＆P500インデックス）の推移データを使いながら、次の3人の投資家の行動を見てみましょう。

・**Uさん**――マーケットタイミングの読みが完璧に当たった人
・**Vさん**――マーケットタイミングの読みが当たらなかった人
・**Wさん**――そもそもマーケットタイミングを読まなかった人

2004年初頭、彼ら3人はS＆P500インデックス投信に100万円を投じました。ご存知のとおり、この期間にアメリカはサブプライム問題に端を発する金融危機に見舞われ、2009年には株式市場全体の大暴落を経験しています。

各局面で3人がどう振る舞ったか、次ページの図でご確認ください。

まず、「完全なる時読み師」である**Uさん**の投資行動は非の打ち所がありません。2007年のバブル絶頂期に「いまが頂点。これからは暴落する」と見事な読みをしてのけ、インデックス投信をすべて売却、元本100万円＋36万8000円の利益を手にしています。また、暴落後の2009年3月には逆に、「いまが底値。これからは上昇する」と判断して、手持ちの136万8000円で同投信を買い戻し。そのまま市場は回復を続け、2014年1月には366万7600円まで残高が増えました。う〜ん、うらやましいですね。10年でなんと3・7倍です。

しかし、実際はこんなにうまくいくことはありません。ふつうの人は絶好調の時期には「これからもガンガン上がるかも！」と期待してしまいますし、暴落の最中には「これからもまだまだ落ちるかも……」と怖くなります。世の中のニュースでも、そうした風潮を煽るような意見が出回りますから、いよいよまともな判断はできなくなります。

2人目の投資家**Vさん**は、まさにそんなふつうの人であり、「風潮を追い従った人」です。

3人の投資家とその行動

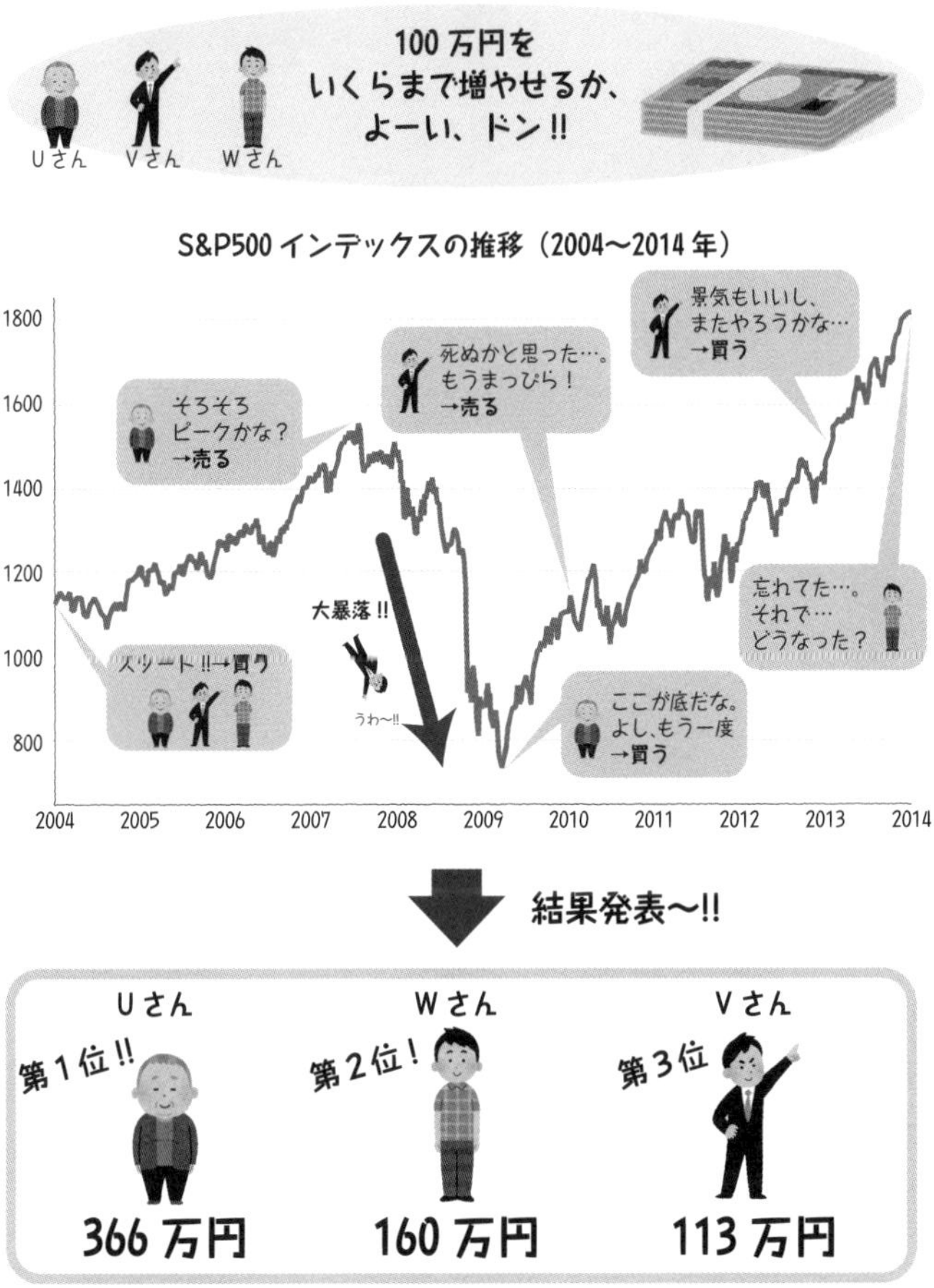

何もしないで「平均」を狙うのが手堅い！

Vさんも Uさんのように機を見ようとしている点では同じですが、残念ながら読みを外しまくっています。暴落後の2010年初めに騒がれはじめた「株を脱出せよ、資産は現金で持て」といった専門家たちのアドバイスにうっかり従っています。そのときの売却額は94万2100円ですから、残念ながら100万円の元本を割っている状態です。

その後、世の中に「やっぱり株投資もいいのではないか」という風潮が広がると、またそれに乗っかってインデックス投信を買い戻しました。結果、2014年1月の残高は113万6400円。

幸いマイナスは回避できましたが、この10年、Vさんが心穏やかな日々を過ごせたとは言えなさそうです。

「何とかしたい気持ち」こそが最大のリスク

最後の3人目の**Wさん**、このいちばん怠惰な投資家が〝私たち〟です。この人は、マーケットのタイミングを読むなどということはいっさい放棄しています。2004年に

100万円分を買ったきり、何もしないでひたすら持ち続けています。

ニュースで株式市場が暴落していることは耳にしていましたし、この投信を買ったことを忘れていたわけではないのですが、本業の仕事も忙しく、家族との時間も大切にしていたので、うっかり口座残高を確認しないまま10年が経ってしまったようです。しかし、運用のパフォーマンスという点で見ると、Vさんを50万円近く上回る160万4700円の投資残高を手に入れています。

ここからわかるのは、**投資のほんとうのリスクは、商品や市場ではなく、私たちの感情のほうにある**ということです。ニュース、値動き、人々の反応などを見て、感情的に動揺することが最もリスキーなのです。

インデックス投信への長期投資そのものは、誰にでもできる〝作業〟です。しかし、もしも唯一、難しいところがあるとすれば、それは「何もしない」でいることでしょう。そのための極意は、「気にしない」ことであり、もっと言えば、ニュースや値動きを「知らない」「見ない」ことです。

「タイミングを完璧に読むことができる」というのは幻想です。

「そもそもタイミングなど読むことはできない」とわかれば、少し気が楽になりませんか？　読めないのだから、読む必要などないのです。

・株価が上がってきているときは？　↓　**何もせず持ち続ける！**
・株価が下がってきているときは？　↓　**何もせず持ち続ける！**
・過去に類を見ない好況が来たら？　↓　**何もせず持ち続ける！**
・未曾有の経済危機が起こったら？　↓　**何もせず持ち続ける！**
・おいしい投資先が気になったら？　↓　**何もせず持ち続ける！**
・もっとラクに稼ぎたくなったら？　↓　**何もせず持ち続ける！**

それでも、「いま売る／買うほうがいいのではないか？」という気持ちが芽生えてきたときのために、ぜひ次のページに付箋を貼っておき、この言葉を見返してください。

これは、ウォーレン・バフェットを育てたベンジャミン・グレアムという経済学者の言葉です。彼は「ウォールストリートの最長老」と呼ばれたプロの投資家でした。

しかしながら、
投資とは人のゲームで
人に勝つことではない。
自分自身のゲームで
自分自身をコントロールすることだ。

（ベンジャミン・グレアム『賢明なる投資家』より）

But investing isn’t about beating others at their game.
It’s about controlling yourself at your own game.
- Benjamin Graham, *The Intelligent Investor*.

値段を見て買わない。タイミング分散が最強

インデックス投信にもなお残る市場リスクを回避するには、他人の意見やニュースに振り回されず、「何もしない」でそのまま長期保有するという手段が有効だということを確認してきました。

ちょうど本書の執筆中（2018年1月下旬～2月中旬）にも、まさにこんな見出しが新聞やニュースに躍りました。

「日経平均2万4000円台を回復。26年ぶりの水準」

「NY株1175ドル安。下げ幅過去最大。リーマン・ショック抜く」

「そうか、いまは高値なのか……。じゃあ、来月あたりまで様子を見ておこうかな……」「え、大暴落？　いまは不安定な時期だからやめておこうかな」などと思った人はいませんか？　これもれっきとした機を見る行動ですよ！　こんなふうに私たちはつ

ドルコスト平均法とは？

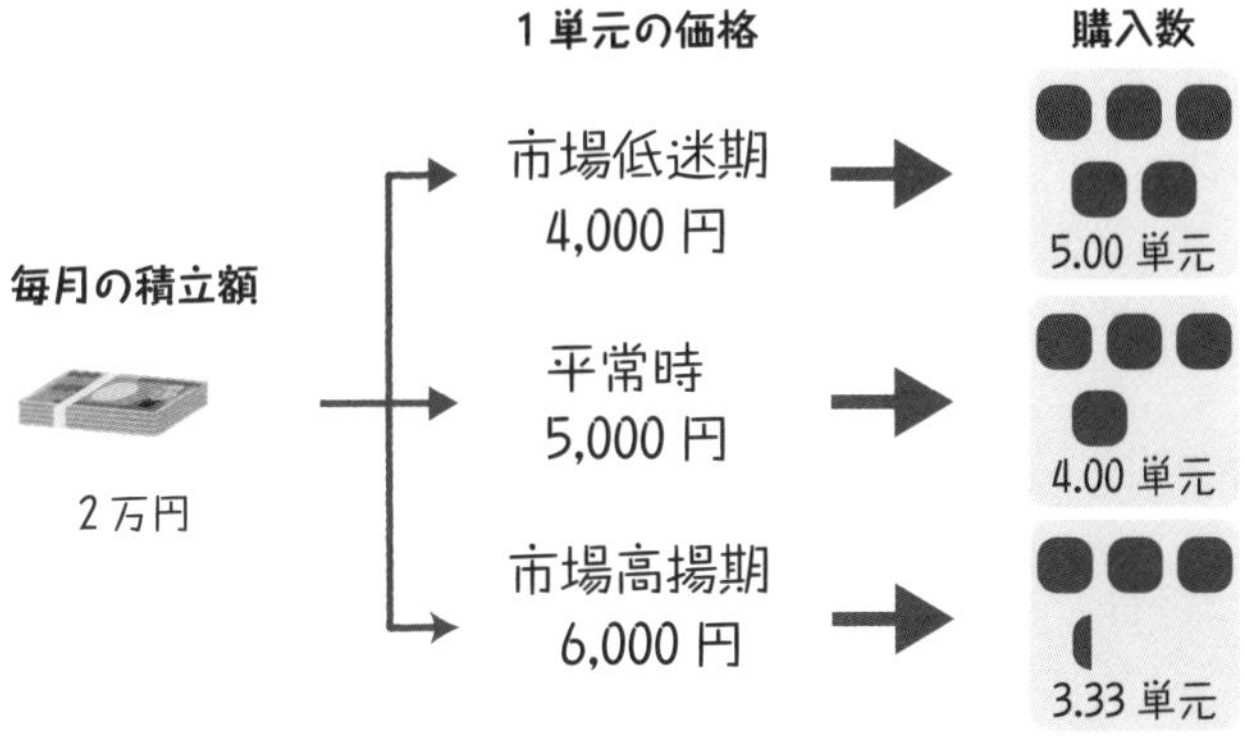

毎月定額積立により価格の「平均狙い」ができる

い「買い時」「売り時」を読もうとしてしまいます。

　そこで、もう1つのコツを伝授しましょう。マーケットタイミングを読まずに投資をするためのベストな方法は、1単元あたりの価格が高かろうと安かろうと、**同じ金額分をコンスタントに買い続けること**です。いわゆる**定額積立**ですね。

　たとえば、毎月2万円をコンスタントに積み立てると決めたら、市場がどうであれ、つねに2万円ずつ積み立てる。こうやって買値の平均化を試みる手法を**ドルコスト平均法**といいます。

このとき、インデックス投信の価格は市場に応じて変動しますが、あなたが投じる金額は変わりません。前ページの図のように、価格が5000円のときには4単元を購入しますし、市場が低迷して価格が4000円に下がっているときは5単元を買います。市場が上向いて6000円に上がってしまっているときは、3・33単元しか買えません。

自分で機を見ることなく、かといって、タイミングを逸することもなく、「安いときにはたくさん買って、高いときには少しだけ買う」を実現してくれる——それがドルコスト平均法による積立のメリットです。

これがインデックス投信の**もう1つの「平均狙い」**です。インデックス投信はそれ自体が市場全体の平均価格を狙うものでしたが、同時に、この定額積立のしくみ（ドルコスト平均法）を取り入れることで、**購入タイミングの分散**が可能になります。

買う時間そのものを分散させていけば、購入価格は自動的に「平均」に収斂《しゅうれん》していくため、価格変動のリスクを打ち消すことができます。平均回帰のメリットを享受するためには、買い時を見極めて投資するのではなく、時期を分散しながら定額を投じていくスタイルが最強だということになります。

なお、証券会社には、月々決まった金額を特定のインデックス投信に入れてくれる「自動積立」のサービスが用意されています。この具体的な利用方法については、次のチャプターでお伝えしていきます。☞211ページ

＊　＊　＊

さて、ちょっと混乱している人もいるでしょうから、いったんまとめましょう。

資産形成エンジンのパワーを引き出すためには、預金や保険に回っている余計なお金を、より大きな複利パワーが働くインデックス投信に投入するしくみが必要でした。

インデックス投信には大きく6つのメリットがあります。

メリット❶ 誰がやっても同じ運用結果になるので、**選択に迷わなくていい**

メリット❷ 投資先が分散しているので、個別株よりはるかに**リスクが低い**

メリット❸ 預金・保険での運用よりもずっと高い**利回りが手堅く得られる**

メリット❹ アクティブ投信よりも**低い手数料**で、高い利回りが期待できる

メリット❺ 長期間保有することで市場価格の**平均回帰の恩恵**を享受できる

メリット❻ 定額積立&購入タイミングの分散で、**購入価格を平均化**できる

以上、本書の核心とも言えるパートが終了しました。

そろそろインデックス投信を本格的にやってみたくなってきた人のために、次のチャプターでは実践方法をお伝えしていきます。

Chapter

5

さあ、最高の「家計システム」をつくろう

「すべての日本株」を買っても、まだ世界の1割以下

さて、いよいよここからは実際の家計システムのつくり方、言い換えれば、具体的にどのようにインデックス投信を買えばいいか、というお話をしていきましょう。

ひと口にインデックスと言っても、世界には何百ものインデックスが存在します。日本で有名なものとしては、日経平均株価（日経２２５）とかＴＯＰＩＸなどがありますね。日経２２５は東証一部上場の約２０００銘柄のうちの２２５銘柄、ＴＯＰＩＸは東証一部上場の全銘柄を対象にしたインデックスです。

さて、このそれぞれに連動する２つのインデックス投信がある場合、あなたならどちらを選びますか？

迷った方は、ポートフォリオに加わる株が多ければ多いほど、個別株リスクが低下することを表した図➡145ページを思い出してください。２０００銘柄のうちから２２５個の主要銘柄

を選んでいる日経225は、東証一部市場の大部分をカバーしてはいるものの、これと値動きの異なる226番目の銘柄を加えれば、さらなるリスク低減の余地があります。

要するに、**日経225のほうは「まだ下げられるリスクが残っている状態」**であるという意味では、約2000銘柄すべてをカバーするTOPIXのほうが、インデックス投信の対象としては優れていることになります。日経225が悪いというわけではありませんが、これはあくまで〝限られた〟銘柄の平均値なのです。

「なるほど、ではTOPIXに連動したインデックス投信を定額自動積立で買います！」

……ちょっと待ってください。じつはここで議論は終わりません。「市場」は日本だけではなく、世界にもあるからです。

世界全体の株式時価総額のうち、日本の株式市場の占める割合をご存知ですか？

2018年1月時点のデータでは、**日本はわずか8・5％**です。* 地域別で見てみると、いちばん大きいのが「先進国北米」の54・2％、次いで「先進国ヨーロッパ」の21・1％、そのほか、日本を含んだ「先進国アジア・パシフィック」が14・4％、新興国が10・3％という割合になっています。

＊わたしのインデックス myINDEX「世界各国のPER・PBR・時価総額（毎月更新）」[http://myindex.jp/global_per.php]

ＴＯＰＩＸ連動のインデックス投信を購入して、株式のすべてを手に入れたような気でいても、それは世界全体から見れば、全体の８・５％の割合を占める日本市場だけに偏って買っている状態だとも言えます。実際、外国の市場は、日本の市場とはまったく異なった動きをすることも少なくありません。

ここでも必要なのは「平均狙い」です。しかも、ある市場内の平均ではなく、「世界の平均」を狙っていくのです。

これは具体的には、「日本だけ」とか「先進国だけ」のインデックス投信を買うのではなく、**世界中の市場インデックスに投資すること**を意味します。市場内の株式すべてをその構成比率に応じて持つインデックス投信と同様、各市場の時価総額の比率に応じて、複数の市場のインデックスを保有するのが基本的な考え方です。

市場を「世界市場」に広げて考えて、世界規模にお金を振り分ける**世界分散**を行うと、特定の市場平均だけを狙っていたとき以上に、大きなリスク分散効果が得られます。どこか１つの国の経済が思わしくなくとも、世界全体をおしなべれば、やはりどこかの国では成長があるはずですから、リスクをよりコントロールしやすくなるのです。

たとえば、先進諸国市場だけでなく、新興国市場（エマージング国市場ともいいます）のインデックスを組み込むと、さらなる分散投資効果を得られることが、さまざまなリサーチで認められています。

エマージング国は、政治的にも経済的にも不確定要素が大きいため、このインデックスに連動する商品もハイリスク・ハイリターンになりがちではあります。しかし、ほかの先進国市場とはまた違った値動きをする特性があるため、**比較的小さな比率をスパイス的に組み込むと、リスクをコントロールしながら運用のパフォーマンスも上げられる**ことがわかっているのです。

いきなり話が世界に広がって、「なんだか難しそうだな……」と心配になってきた人もいるかもしれませんが、具体的な銘柄選びについてはのちほど詳しくご説明しますので、ご安心ください。また、必要なものを〝まとめ買い〟できる便利な方法もじつはあります。

というわけで、銘柄を決めるときの考え方の話をもう少し続けます。

それでも「株のリスク」が気になる——債券とは？

すでに見たとおり、リスクには個別株リスクと市場リスクがあり、市場平均を狙うインデックス投信にすれば、個別株リスクのほうは限りなく小さくできます。☞145ページそれでも市場そのもののリスク（市場リスク）は残りますが、これをある程度低減させる方法として、次の3つをお話ししてきました。

❶長期保有——短期の値動きに動揺せず持ち続けて、平均回帰の力を味方につける☞158ページ

❷時間分散——定額自動積立によるタイミング分散で、購入価格を平均に近づける☞172ページ

❸市場分散——世界中の市場のインデックス投信を持つことで、リスク分散を図る☞180ページ

ここまでやったとしても、**世界市場そのものが持っている市場リスク**はやはり完全には消えません。とはいえ、それほどリスクを取りたくない人が、このリスクをコントロールする方法はありますし、そんなに難しいことではありません。

結論から申し上げれば、株式〝以外〟のインデックスに連動した投信も保有すればいいのです。それが**債券**です。ポートフォリオのなかに**債券インデックス投資信託**という商品を混ぜておくことで、株式インデックス投信のリスクを薄めることができます。

債券とは平たく言えば、「あなたに〇〇円をお借りしました。利子××円を添えて、△△までに必ずお返しします」という借金の証書です。国がお金を借りる場合は国債、地方自治体が借りる場合は地方債、企業が借りる場合は社債を発行しますが、これらはすべて債券の一種です。

株式が株式市場で売り買いされるように、債券は公社債市場で売り買いされます。つまり、「利子をもらえる権利・お金を返してもらう権利」を、株と同じ有価証券として取引するのです。株式にリスクがあるように、債券にもリスクがあり、借金が約束どおりに返済されないリスク（信用リスク）や、市場の金利の動向（金利変動リスク）などに左右されます。

市場にはさまざまな債券がありますが、それらすべての平均価格を割り出すことで得られるのが**債券インデックス**という数字です。

たとえば、ＮＯＭＵＲＡ－ＢＰＩ総合指数は日本国内の公社債の指標ですし、アメリカのＳ＆Ｐ債券インデックスは、Ｓ＆Ｐ５００社が発行する社債に連動した指標です。個々の債券には個別のリスクがあります。これらすべてを合わせた債券インデックスに投資して、個々の債券のリスクを分散したのが、債券インデックス投資信託です。

リスクの味を「水」で薄める――債券インデックス投資信託

……ちょっと難しかったでしょうか？　ここまでずっと株の話をしてきたのに、いきなり債券が登場したので、ちょっと混乱した人も多いと思います。ひとまずここでは、「株式インデックス投信の市場リスクを低下させるには、株〝以外〟（＝債券）のインデックス投信が有効らしいぞ……」ということさえ押さえていただければ大丈夫ですので、安心してこの先も読み進めてください。

債券には債券なりのリスクもありますが、経済のさまざまな不確定要素や企業の経営

債券インデックス投信でリスクを調整する

リスク高

株式比率	債券比率	利回り 年平均	利回り 最高	利回り 最低	マイナス回数
100%	0%	**10.2%**	54.2%	-43.1%	**25回**
80%	20%	9.5%	45.4%	-34.9%	23回
60%	40%	8.7%	36.7%	-26.6%	21回
40%	60%	7.8%	27.9%	-18.4%	16回
20%	80%	6.6%	29.8%	-10.1%	12回
0%	100%	**5.4%**	32.6%	-8.1%	**14回**

リスク低

＊バンガード社ウェブページより作成（1926～2016年のアメリカ市場のデータ）
[https://personal.vanguard.com/us/insights/saving-investing/model-portfolio-allocations]

債券を混ぜると、リスクも利回りも小さくなる

成績次第で価格や配当金が大きく変動する**株式に比べると、全体としてリスクが低い**という特徴があります。ですので、株式インデックス投信に加えて、債券インデックス投信を持てば、ポートフォリオが抱えるリスクを適度に下げることができます。

債券インデックス投信のリスク低減効果を実感できる例を見てみましょう。

上の表は、株式インデックスと債券インデックスの混合比率を変えたときに、過去90年間の平均利回りとリスクがどのように変化するかを表したものです。

濃縮めんつゆに水を加えて、自分の好みの味に薄めるのをイメージしてください。

濃縮めんつゆがリスク高めの株式インデックス投信、水がリスク低めの債券インデックス投信です。

いちばん上の株式比率100％のケースは、いわば濃縮めんつゆの「原液」です。ここでは、90年間の平均利回りは10・1％と非常に高い分、最高利回りと最低利回りの振り幅も非常に大きく、90年間のうちに25回はマイナス利回りとなっています。

逆に、いちばん下のケースは債券比率が100％ですから、「水だけ」と考えればいいでしょう。最高利回りと最低利回りの振り幅も小さくなり、90年のうちでマイナス利回りとなったのは14回ですから、かなりリスクが下がっていることがわかります。しかし、同時に平均利回りが「株式100％」のときの半分程度（5・4％）にまで落ち込んでしまっています。

なお、こちらは架空の例ではなく、1926年から2016年までの実際のアメリカのインデックスのデータを用いたものです。債券だけでも5・4％というそれなりの利回りが稼げてしまっていますが、将来的には債券だけでここまでのパフォーマンスはなかなか期待しにくいかと思います。あくまでイメージをつかむためにお使いください。

リスク低減のために債券インデックスの比率を増やせば、それに伴い、得られる利回りは小さくなります。いわゆるハイリスク・ハイリターン、ローリスク・ローリターンのルールが働いているのがわかりますね。みなさんがポートフォリオをつくっていくときは、株式・債券のベストな比率をこの両極のあいだで探っていく必要があるのです。

必要なのはこの6パーツ！——アセット・アロケーション

先ほど株式のインデックス投信については、投資先を「日本」「先進国」「エマージング国」の3つに分散させるという話をしました（☞180ページ）。世界分散が必要なのは、債券インデックス投信も同じです。債券インデックスについても、日本だけでなく、先進国やエマージング国の債券インデックスと連動した投資信託を購入するわけです。

というわけで、私たちが資産形成エンジンを改造するうえでは、どうやら次の6つのパーツが必要になりそうだということがわかりました。

❶ 日本株式インデックス投信
❷ 先進国株式インデックス投信
❸ エマージング国株式インデックス投信
❹ 日本債券インデックス投信
❺ 先進国債券インデックス投信
❻ エマージング国債券インデックス投信

次ページの図は、これら6つの組み合わせ比率によって、リスクがどのように変化するかを表したものです（あくまでもイメージ図であり、このとおりにする必要はありません）。なお、このように資産内の金融商品の比率を組み替えて、利回りやリスクを調整する作業のことを**アセット・アロケーション**といいます。

いちばん上のように、株式インデックスだけに投資する「濃縮めんつゆの原液」型の場合でも、日本・先進国・エマージング国への分散はしておきます。世界全体に占める日本株の割合が8・5％だったことを考えると、日本比率は低めにして、先進国比率をある程度上げていくのがいいでしょう。ハイリスクなエマージング国は、スパイス的な

アセット・アロケーションによるリスク調整

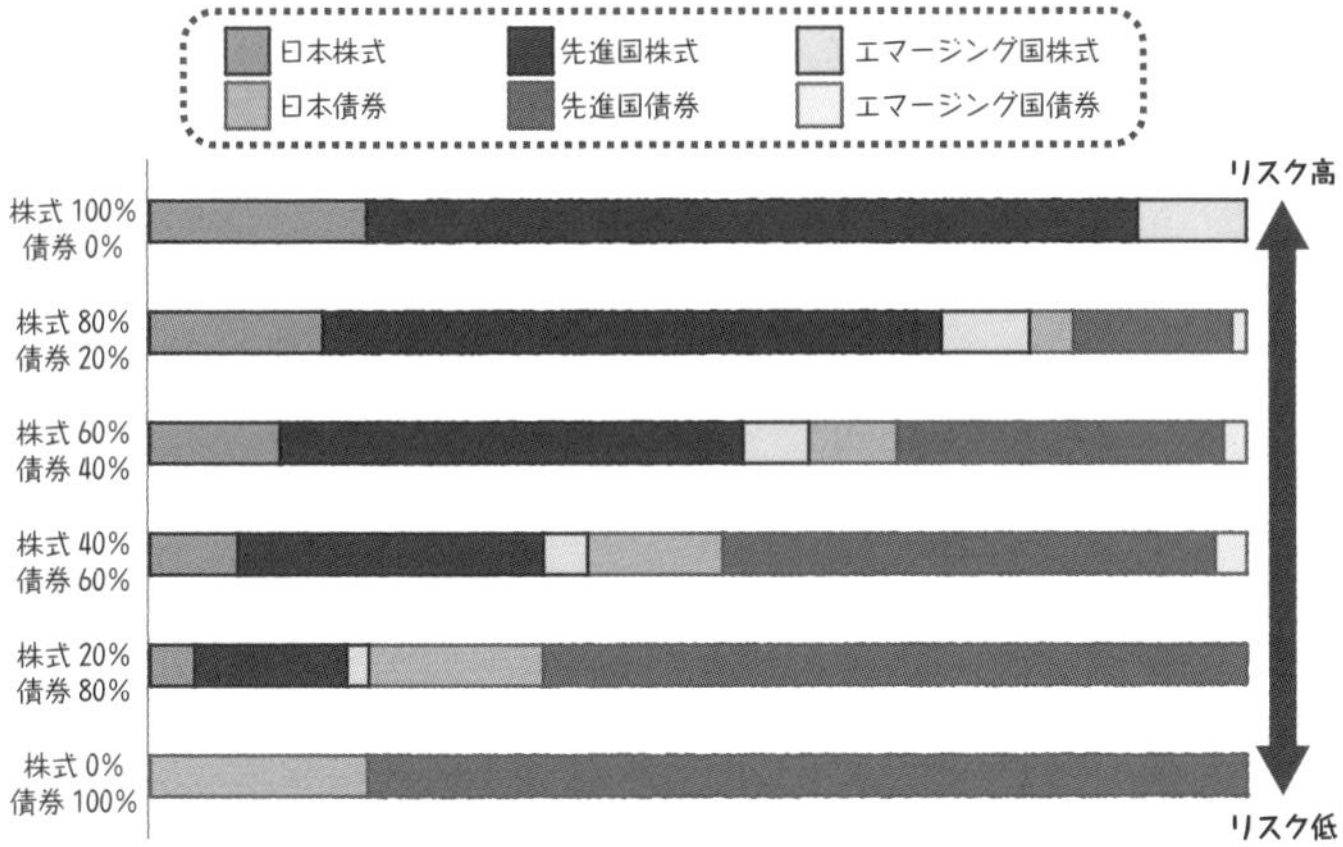

扱いに留めておきます。

6つのインデックス投信のうち、基本要素となるのは❶❷❹❺ですが、最初から全部を揃えないといけないわけではありません。資産形成エンジンのいちばん重要なパワー源は株式であり、なかでもアメリカを含む**❷先進国株式**です。とくに投資額が小さいうちは、先進国株式だけでスタートし、そこに**❶日本株式**を少しずつ足していくといいでしょう。投資残高が増えるにつれ、**❺先進国債券**と**❹日本債券**を加えだんだんとリスクを薄めていき、最終的に**❸エマージング国株式**、**❻エマージング国債券**を入れていくという順番で十分です。「エマージング国債券」は同株式に比べると必要度は低いため、図では入っていないところもあります。

「……で、結局、どれくらいリスクを取ればいいんですか？」

株式・債券比率をどうするか、これを考えるときにカギになるのは「時間」です。つまり、**今後どのくらいの投資期間が残されているのかによって、どれくらいのリスクを取るべきかが変わってきます**。

もしもあなたがまだ20代で、今後40年以上の投資期間があるのだとすれば、株式比率を上げて積極的にリスクを取っても問題はないでしょう。投資期間が長くなれば長くなるほど、大きく下がったとしても平均回帰を待てるので、ある程度の下落は恐れる必要がなくなるからです。

逆に、いま60代でリタイヤ目前という人であれば、株式比率は下げてリスクは小さめにしておくほうが賢明です。残りの投資期間がそれほど長くなく、近いうちに老後生活のための資金として使うフェーズに入ることがわかっているからです。

このとき、「100−年齢」の割合を株式、残りを債券に回すことを、目安にするといいでしょう。たとえば、35歳であれば株式65%（=100−35）・債券35%となりますし、55歳なら株式45%（=100−55）・債券55%という具合です。

「もっとリスクを取りたい！」「我慢強いから、多少下落しても持ち続ける自信がある！」という人は、「110−年齢」とか「120−年齢」を基準にしてもいいでしょう。

選ぶのが面倒な初心者は「セット買い」しよう

「……こんなにたくさん投資信託を組み合わせないといけないなんて……大変ですね」

ご安心ください。じつは何種類もの投資信託を別々に購入しなくとも、これらを一定比率でセットにして販売してくれる**バランスファンド**という商品があります。低手数料のバランスファンドは次のとおりです。

・日興DCインデックスバランス
・三井住友・DC年金バランス
・ダイワ・ライフ・バランス
・DCニッセイワールドセレクトファンド

どんな資産をどんな比率で組み合わせているか（アセット・アロケーション）は、バランスファンドごとにさまざまですが、右のバランスファンドは前述の基本要素☞188ページ（❶❷❹❺）には投資しています。

気になるのは、どれも日本比率がやや高めな点です。とはいえ、自国の比率を高めに設定するのは、どこの国にも見られる傾向で、心理的な意味合いが強いようです。また、エマージング国の株式・債券が入っているバランスファンドはあまり多くありません。その意味では、株式時価総額の構成比率に応じた世界分散が、完全に実現されているとは言えない面もあります。

世界市場の構成比率により近いアロケーションを実現したい人は、各社が用意している**シリーズファンド**を使って、自分なりに商品を組み合わせてみるといいでしょう。シリーズファンドとは、前述の6つも含めてさまざまなインデックス投信を「シリーズ化」して販売しているものです。シリーズファンドを使いながら、自力でアセット・アロケーションを行えば、細かなリスク調整ができるうえ、うまくいけばバランスファンドよりも手数料を抑えることができます。

信託報酬が低めで、購入時手数料なし（**ノーロード**といいます）、解約時信託財産留保なしのものを選んでおきました。

- 大和 iFree
- 三菱ＵＦＪ国際 eMAXIS Slim
- ニッセイ・インデックスファンド
- One たわらノーロード
- 三井住友ＤＣインデックスファンド

「う〜ん、バランスファンドは日本比率が高めなのが気になるし、シリーズファンドから自分で選ぶのも面倒だな……」

そんな人には、もう1つおすすめ情報があります。2017年秋に楽天投信投資顧問とバンガード・インベストメンツ・ジャパンが、**楽天・バンガード・ファンド**を立ち上げました。このなかでも「楽天・全世界株式インデックス・ファンド」という商品は、先進国株式・日本株式・エマージング国株式の3つを時価総額に応じてカバーしています。**真の世界分散を実現しているうえ、信託報酬は0.1296%（税抜）、購入時手数料と信託財産留保はなしですから、かなり魅力的な株式インデックス投信**だと言えるでしょう。

今後もラインナップの拡充が図られる予定ですので、将来的には同様、債券ファンドなどが発売される可能性も高いと思いますが、現時点ではまだ株式インデックス投信だけが出ています。当面は、この世界分散株式インデックス投信に、他社の「先進国債券」「日本債券」を加えてアセット・アロケーションを行うのも有効な策かと思います。

なお、アセット・アロケーションは、少々の割合の違いは、長期的に見ればほとんど大きな問題にはなりません。あとから変更・調整も可能ですから、あまり悩まずとりあえずはじめてみてください。ここの内容をまとめておきます。

- **まず手軽にはじめたい**――バランスファンド。ただし日本の比率が高めに
- **自分でチョイスしたい**――シリーズファンド。手数料も抑えられるが面倒
- **世界分散を優先したい**――楽天・バンガードの株式投信&他社の債券投信

メンテナンスは「年1回以下」でOK！

「日本／先進国／エマージング国」×「株式／債券」からなる6つのインデックス投信を基本にしながら、資産形成エンジンを組み立てていく方法をお伝えしてきました。

この方法は「何もしない」が原則ですから、この先はとくに何もせず持ち続けるのが基本ですが、メンテナンスが必要になるケースが3つほど考えられます。

❶ 投信が稼いだ利回りが分配金のかたちで支払われてしまったとき（**再投資**）
❷ 各資産のバランスが当初決めていた比率からずれてきたとき（**リバランス**）
❸ 残り投資期間に応じてリスク量の調整が必要なとき（**アロケーション調整**）

メンテナンス❶ 再投資

インデックス投信の利回りは、株式や債券そのものの値上がり益（キャピタルゲイン）はもちろん、株式であれば配当金、債券であれば利息などから構成されています。私たちは長期投資による資産形成を目指しているわけですから、**投信が稼いだ利回りはそのまま再投資するのがベスト**です。この利益をいちいち受け取っていては、資産形成エンジンの中核を成す複利パワーがいつまで経っても発揮されないからです。

分配金は、もらって喜んでいてはいけません。インデックス投信ではあまりないと思いますが、「特別分配金」という名前で、投資元本から分配金を払う投資信託もあります。これは言ってみれば、せっかく長期投資に回した資産を勝手に切り崩して「返してくれている」のと同じ。大きな迷惑です。

というわけで、**分配金にはＮＯと言うのが原則**。目論見書で「分配金はいっさい出しません」と断言している商品はさすがに見たことがありませんが、「複利効果による信託財産の成長を優先するため、分配を極力抑制します」というような書き方をしているものはあります。あとは、毎年の分配金履歴でゼロが続いていれば、「複利パワー」を重視する商品だと理解できます。たとえ分配金を出す投信でも、「受取型」と「再投資型」を選択できるはずですので、後者を選びましょう。

メンテナンス❷ リバランス

実際に運用をはじめれば、株式インデックス投信や債券インデックス投信ごとに、成績は異なってきます。そのため、それぞれが稼いだ利回りの再投資を繰り返していると、時間の経過とともに、当初組んだアセット・アロケーションからバランスが崩れてきます。株式60％：債券40％でポートフォリオを組んでいたのに、株式の成績のほうがよかったため、株式65％：債券35％になってしまったりとか、先進国の経済が落ち込んだせいでエマージング国のウエイトが高まってしまったりといった具合です。

バランスファンドの場合は、運用会社が定期的・自動的に当初のアロケーション比率をキープしてくれるので問題ありませんが、自分でそれぞれの投信を買っている場合は、**比率バランスが崩れていないかを年に1～2回ほどチェックし、最適な比率に戻す作業**が必要になります。右の場合であれば、株式5％分を売って債券を5％分買います。この作業を**リバランス**といいます。

自分でリバランスを行うときも、価格を見て感情に流されないようにするのが大原則です。**「機を見る」ことなく、あくまでも機械的に売り買いを行う**ようにしましょう。

メンテナンス❸　アロケーション調整

これは先ほど触れた（☞190ページ）「残り運用期間に応じたリスク量の調整」のことです。時間が経過して残された運用期間が短くなるほど、長期運用による平均回帰のメリットは受けづらくなります。端的に言えば、**歳を取るほど、大きなリスクは取れなくなっていく**ということです。

たとえば、35歳でリタイア後のお金を貯めはじめた当初は、株式75%：債券25%の比率でよかったかもしれませんが、40歳になったときには、残りの投資期間が5年分減っている（リタイアに5年分近づいている）わけですから、その分リスクは取りづらくなっています。その場合は、株式を5%分売って債券を5%分買い、株式70%：債券30%に比率を変更しなければなりません。これをアロケーション調整といいます。

アロケーション調整のほうはバランスファンドでもやってくれませんが、異なるアロケーションのバランスファンドがシリーズで出ていたりもしますから、時間経過とともにに株式比率の低いものへと乗り換えをしていくといいでしょう。たとえば、35歳では「ダイワ・ライフ・バランス70」（株式比率70％）ではじめておいて、55歳のときに同シリーズの「バランス50」（同50％）に切り替えるなどが考えられます。

アロケーション調整のタイミングは、「3年おきの1月1日」とか「5年ごとの誕生日」というように、あらかじめスケジュールを決めておき、その日が来たら価格は見ずに機械的に遂行するのがベストです。積立もリバランスもアロケーション調整も、いちばんの敵は感情ですから、極意は**機を見ることなく、自動的・機械的に行う**ことなのです。

「今後が楽しみ！」なターゲットデートファンドとは

前述のメンテナンスのうち、アロケーション調整を自分でやるのは案外大変です。ついついやるのを忘れてしまったり（ちょっと忘れるくらいなら長期的には大きな問題はありませんが）、どういうふうにアロケーション比率を変えていくかを覚えておかない

自分で組み合わせるか、「おまかせ」するか

	やること	リバランス	アロケーション調整
①自分で選ぶ	インデックス投信を複数購入し、一定比率で組み合わせる	年1回程度、定期的に行う／口座内で自動化設定	3〜5年に1度、定期的に行う
②バランスファンド	とくに無し（アロケーションは設定済み）	おまかせ	10年くらいごとに定期的に行う
③ターゲットデートファンド	とくに無し（アロケーションは設定済み）	おまかせ	おまかせ

「おまかせ」できる分、手数料は割高になる傾向

といけなかったりしますので、面倒だなと思う人も多いでしょう。

このアロケーション調整までも自動でやってくれるのが、**ターゲットデートファンド**と呼ばれる商品です。**バランスファンドにアロケーション調整の機能がついたもの**だと考えればいいでしょう。

アメリカでは、ここ10年でターゲットデートファンドの純資産総額が7倍になりました。企業年金などでもターゲットデートファンドを採用するケースが劇的に増えており、とても人気が高まっています。

私がクライアントさんの資産形成をお手

伝いするときも、最近ではこのターゲットデートファンドをおすすめするケースがかなり多くなりました。

日本の読者のみなさんにもぜひ使っていただきたいのですが、正直なところ、日本ではまだ購入時手数料が割高だったり、純資産総額が小さかったり、iDeCoやNISA（後述☞219ページ）に対応していなかったりと、**まだまだ発展途上という感じ**です。

アメリカでも現在の段階に到達するまでには、ファンド各社の改善や低手数料化などの企業努力がありました。日本でターゲットデートファンドが本格的に普及していくにはまだしばらくかかるかもしれませんが、みなさんが利用できる商品も発売されはじめていますので、今後の期待も込めてこのしくみをご紹介しておきましょう。

ターゲットデートファンドは、そもそも老後資金の形成を目的につくられたものです。仕事をリタイアし、老後生活に入るタイミング（退職するタイミング）を**ターゲットデート（目標日）**として設定し、その日までの投資期間の長さに応じて、つねに適切なアセット・アロケーションに自動調整してくれるしくみです。

ターゲットデートファンドのイメージ

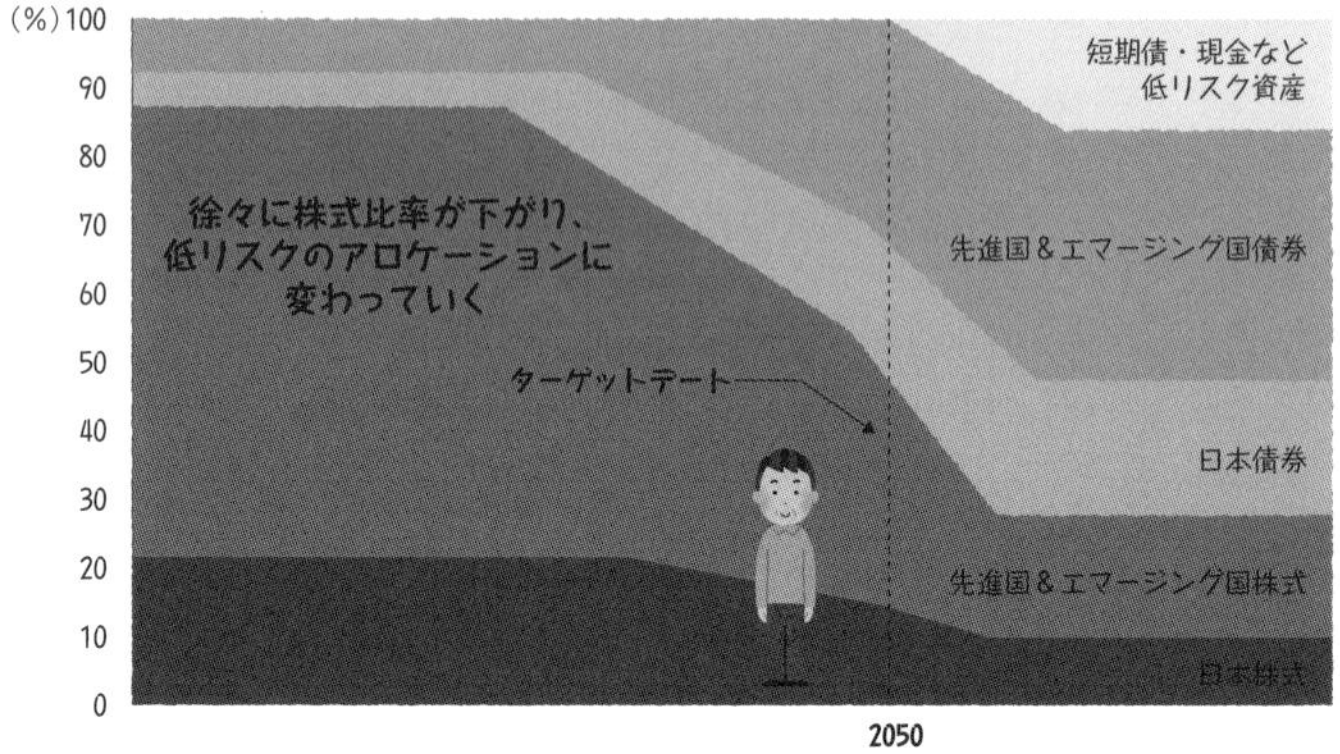

目標日に向けて、おまかせでリスク調整される！

上のグラフをご覧ください。こちらは２０５０年をターゲットデートに指定した場合のスケジュールイメージです。

時間がターゲットデートに近づくにつれて、株式比率が低下し、債券比率が高まっていることがわかりますね。リタイアする日が近づくにつれて少しずつリスク量を減らしていき、ターゲットデートがやってくると、債券や現金ベース商品の比率が大きくなり低リスク運用に入ります。

ターゲットデートファンドでは、あらかじめ決められたスケジュールに従って、リスク調整を代わりにやってくれるわけです。なお、日本ではたとえば次のようなターゲットデートファンドが提供されています。

・フィデリティ・ターゲット・デート・ファンド
・野村 マイターゲット
・三井住友・DCターゲットイヤーファンド

　このうち、「フィデリティ・ターゲット・デート・ファンド」は、まだ純資産総額が小さいうえに、選択できるターゲット年号も限られているのですが、時価総額の構成比率に応じた世界分散をしており、とてもバランスが取れています。しかも、オンラインで買えば購入時手数料は無料、信託報酬は0・4％以下ですから、かなり希望が持てます（ただし、iDeCoには対応していません）☞219ページ。ベーシック（パッシブ）型とアクティブ型がありますので、前者を選ぶようにしましょう。野村と三井住友のものは、日本比率が高めではありますが、手数料を低めに抑えるなどの努力が見られます。

　日本のターゲットデートファンドはまだこれからのフェーズですので、ひとまずはバランスファンドや「楽天・全世界株式インデックス・ファンド」で様子を見つつ、今後の商品開発に期待するのが現実的かもしれません。それでも使ってみたい人は、純資産総額の低さなどには目をつむって、フィデリティのものを使ってみるといいでしょう。

「何もしない」派のための投資信託の探し方

お待たせしました。いよいよ具体的な商品の「選び方」をお伝えしていきます。

「いや、具体的な商品そのものを教えてくださいよ……」

そんな声も聞こえてきそうですが、ターゲットデートファンドのところでも書いたとおり、「何もしない」派のための商品は今後もまだまだ発展を続け、手数料の低いもの・もっと便利なものが出てくることでしょう。ですので、ここではひとまず、**最適な投資信託を選ぶためのポイント**に力点を置いて解説をしていきたいと思います。

ところでみなさん、証券会社の口座（**証券口座**）はお持ちですか？

本書の読者の多くはこれまで〝預金だけ〟で過ごしてきた人でしょうから、証券口座を持っていなくても無理はないかもしれませんが、インデックス投信の購入には証券口座の開設が必要になります。

どの証券会社がいいのかは一概には言えませんが、会社によって扱っている商品のラインナップは大きく異なります。ひとまずはこれからお伝えする方法で商品を探してみて、目当ての商品を扱っている証券会社を選ぶのもいいでしょう。

さて、私たちがインデックス投信に求める条件はだいたい決まっていましたね。

ここで、「何もしない」派の投資信託を選ぶ際に、重要度の高い条件をもう一度チェックしておきましょう。

条件❶ インデックス連動したパッシブ型の運用になっているか（**がんばらない投資**）
条件❷ 購入時手数料や信託報酬などの手数料が低めに抑えられているか（**低手数料**）
条件❸ 短期的な下落に動じないで、平均回帰を待てる長期運用が可能か（**時間分散**）
条件❹ 購入タイミングを偏りなく分散できる自動積立が可能か（**ドルコスト平均法**）
条件❺ 複利パワーを引き下げる分配金のしくみが入っていないか（**あるなら再投資**）

こういうときには、**絞り込み検索**が有効です。

ほとんどの証券会社のウェブページは、いくつかの条件を設定しながら、最適な商品を絞り込んでいけるようになっています。なかにはちょっとわかりづらい場所にあったりもしますので、次ページに主要な証券会社の「絞り込み検索」ページのＵＲＬをあげておきました。

まずはこれらの条件をもとに絞り込み検索をしてみましょう。なお、ここから先ではＳＢＩ証券「投資信託パワーサーチ」の２０１８年2月時点での操作画面をもとに解説を行います。

証券会社によって一部の仕様や表現が違っている部分があること、また、同ウェブページ内でも変更があり得ることは、あらかじめご承知おきください。

条件❶　インデックス連動したパッシブ型の運用になっているか（がんばらない投資）

ＳＢＩ証券の同ページを開いたら、ページ左側にある「ファンドを絞り込む」内のいくつかの箇所にチェックを入れていきます。

証券会社のページで「絞り込み検索」する

・SBI 証券
https://site0.sbisec.co.jp/marble/fund/powersearch/fundpsearch.do?

・楽天証券
https://www.rakuten-sec.co.jp/web/fund/find/search/result.html

・松井証券
https://finance.matsui.co.jp/funds/matsui/list.aspx

・マネックス証券
https://fund.monex.co.jp/search

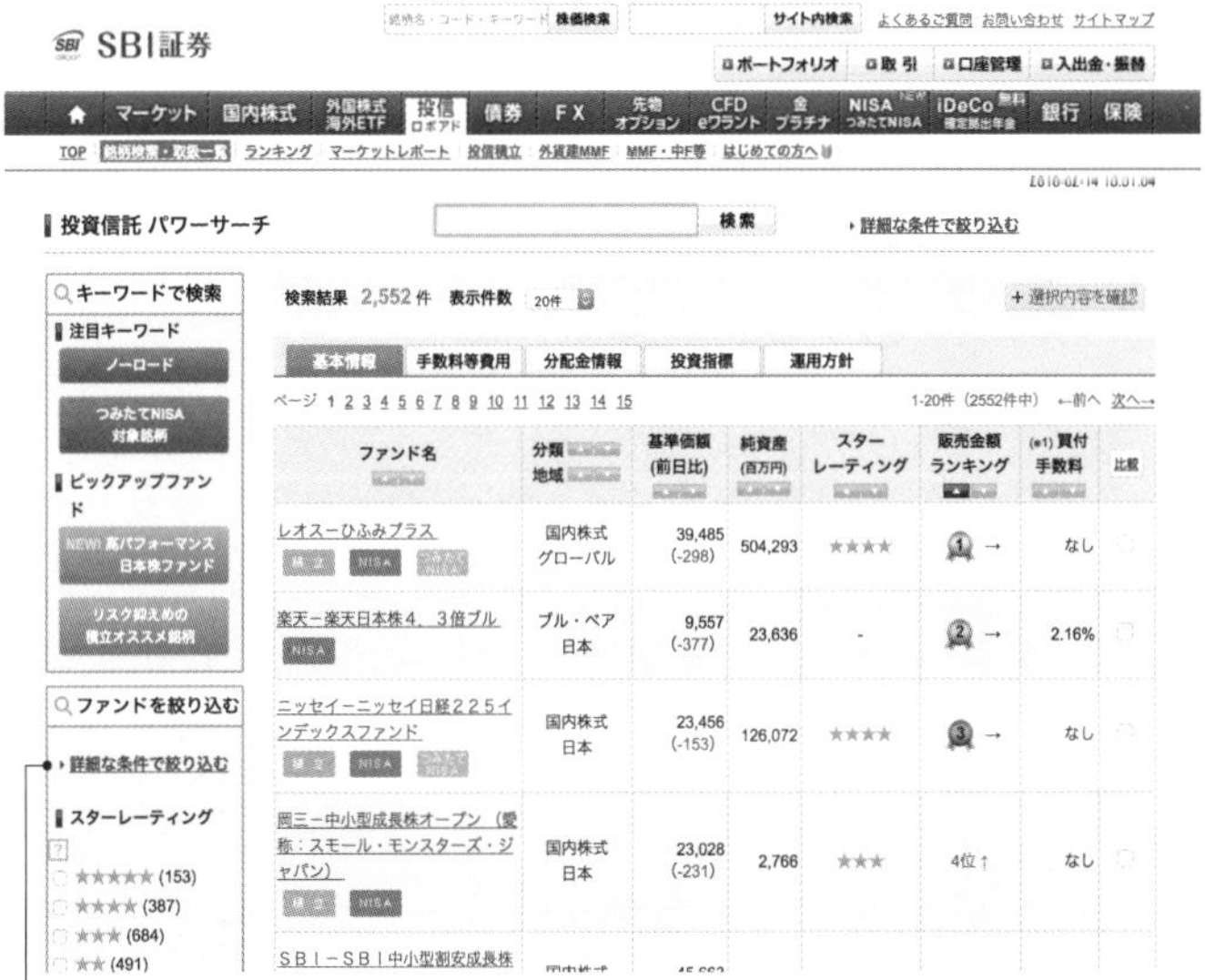

ここで条件を設定して、商品を絞り込める

まず「特色」という項目の「インデックス」にチェックを入れてみましょう。この絞り込みによってまず、ファンドマネジャーの独自予測に基づいて〝勝ち組〟を選ぼうとするアクティブ投信が排除されます。

これだけでも対象となる投信の数はぐっと減るはずです。ＳＢＩ証券の場合は、２５５２本あった商品が一気に３８３本に絞られました。

条件❷　購入時手数料や信託報酬などの手数料が低めに抑えられているか（低手数料）

次の手数料は、利回りの良し悪しに直接響いてくるため、非常に重要です。すでに触れたとおり、投資信託の手数料には、大きく分けて購入時手数料、信託報酬、解約時信託財産留保の３つがあります。（➡１５０ページ）

まず購入時手数料は「無料（０円）」を選ぶようにしましょう。なお、ＳＢＩ証券では「買付手数料」という名称になっていますし、販売時手数料などと呼んでいる会社もあります。また、購入時手数料がない商品のことをノーロードといいます。

次に、信託報酬ですが、これはできれば０・５０％以下が望ましいと思います。とはいえ、あまりに低い数値を設定してしまうと、商品が絞られすぎてしまうため、差しあたっては１・００％以下を目安にしましょう（絞り込んだあとに、信託報酬が低い順に並べ替

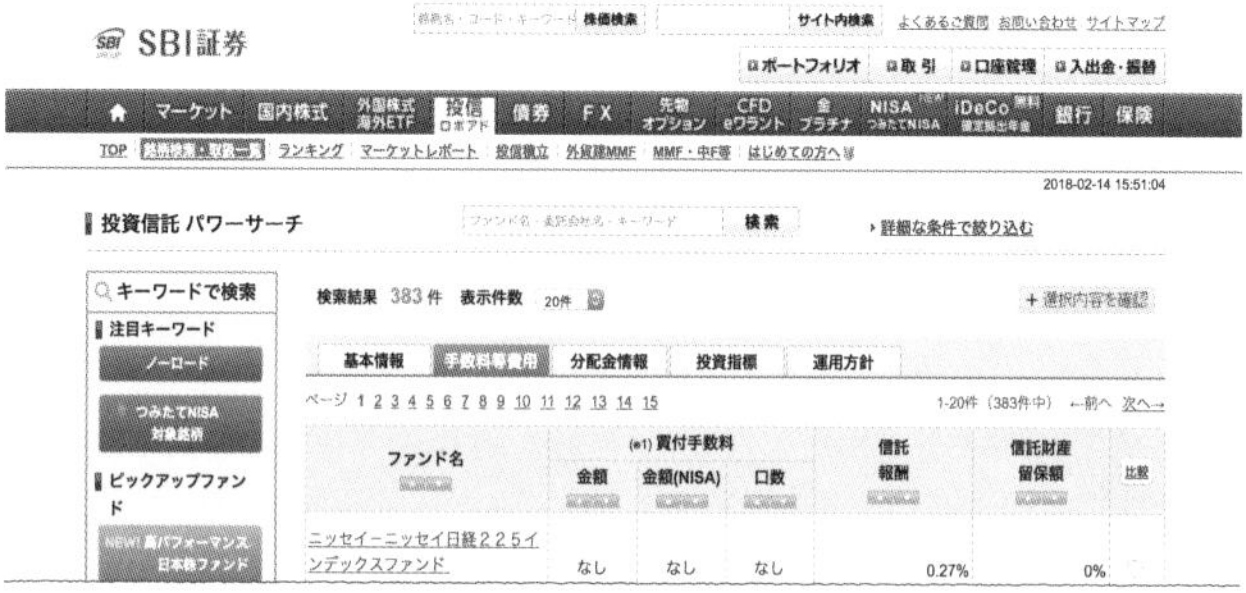

— 購入時手数料・信託報酬はこちらで設定

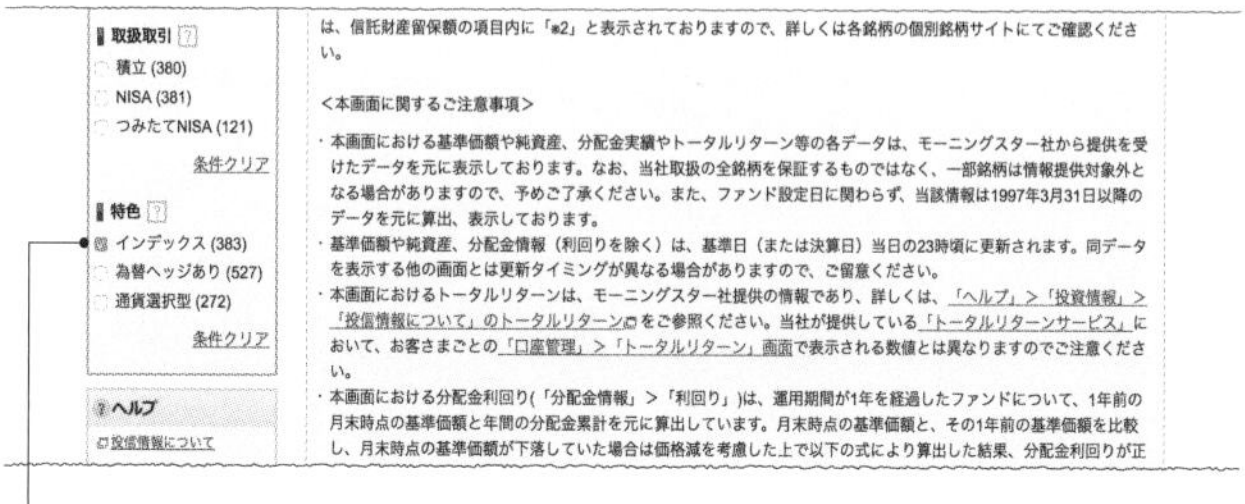

— パッシブ運用の投資信託に絞り込まれる

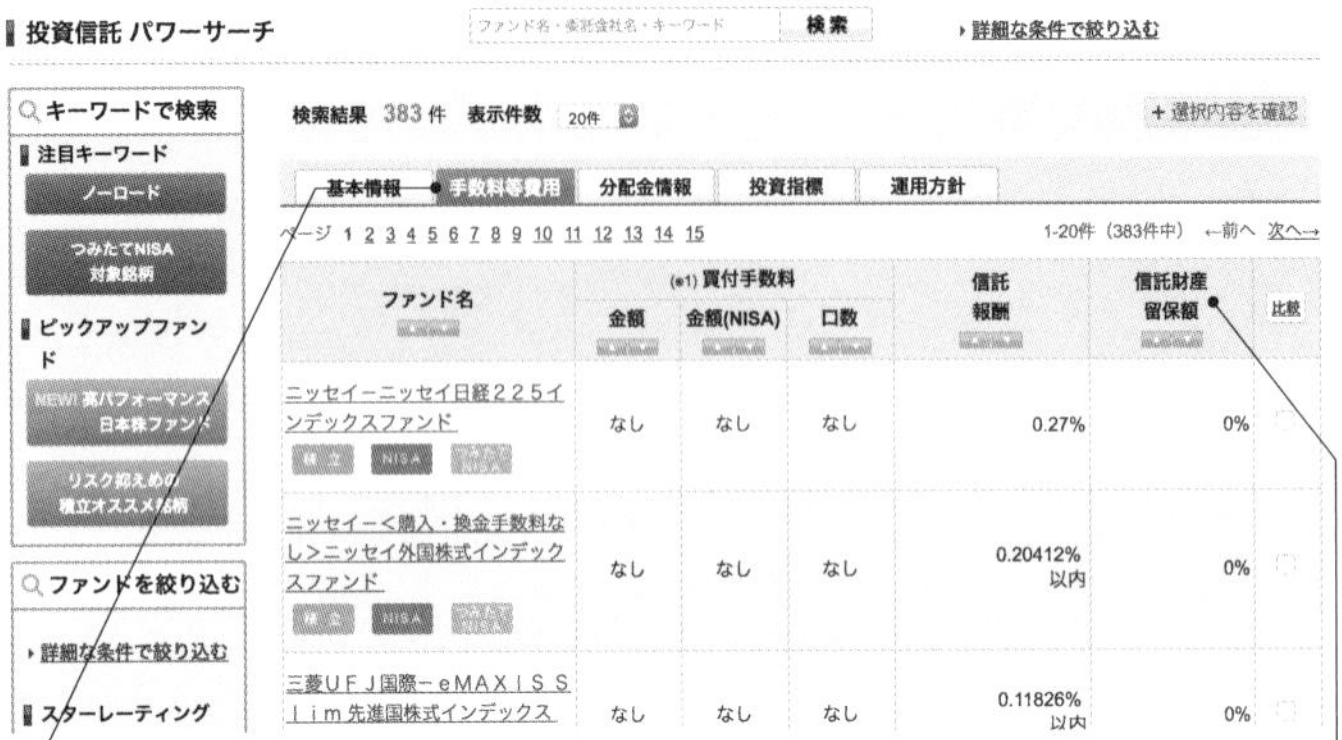

「手数料等費用」タブをクリック

「信託財産留保額」で並べ替えできる

えます)。ＳＢＩ証券の場合であれば、「1・08%以下」というところにチェックを入れます。

解約時信託財産留保は、投資信託を解約するときに取られる手数料です。これも無料に越したことはないですが、あったとしても0・1%以下がいいと思います。解約時信託財産留保は、購入時手数料と信託報酬に比べると、あまりわかりやすく書かれていないことが多いようです。忘れずにチェックするようにしましょう。ＳＢＩ証券の場合も、絞り込み条件としては選択できるようにはなっていないので、確認するためには、画面上部の「手数料等費用」タブをクリックし、「信託財産留保額」の項目を見る必要があります。

条件❸　短期的な下落に動じないで、平均回帰を待てる長期運用が可能か（時間分散）

次に、長期投資できることを確認するために、償還日をチェックします。償還日とは、その投資信託が運用を終了する日のことです。「何もしない」派のみなさんにとっては、償還日の設定のないものがベストです。ただし、ターゲットデートファンドの場合などは、その性質上、償還日が決まっているものもありますので、「10年以上」などの条件を入れるとよいでしょう。SBI証券では「償還まで」の項目で「無期限」を選択します。

条件❹　購入タイミングを偏りなく分散できる自動積立が可能か（ドルコスト平均法）

指定した銀行口座などから毎月自動的に一定額を投資してくれる「自動積立」のサービスに対応している商品を絞り込みます。複数の投資信託を購入した場合、それぞれに決まった割合でお金を積み立ててくれるサービスもあります。コンスタントに同じ金額を積み立てるドルコスト平均法を実現するには必須の機能です。SBI証券では「取扱取引」で「積立」にチェックを入れます（同項目にある「NISA」「つみたてNISA」については後述☞223ページ）。

条件⑤　複利パワーを引き下げる分配金のしくみが入っていないか（あるなら再投資）

最後は分配金です。分配金は発行されてしまえば、たとえもらわなくても税金がかかるので、これもないに越したことはありません。せっかくの複利パワーを削り取られないよう、分配金なしか、なしに近いものを選びましょう。自動的に再投資する機能があれば、税金を差し引いた額をまた投資に戻すことができます。サイトによっては分配金の額ではなくて、「分配金自動再投資あり」などを選ぶ場合もありますが、SBI証券では「決算頻度／分配金額」で「0円」をクリックします。

安全度の目安になる「純資産」と「運用実績」

さあ、これで「何もしない」派のための条件設定は終わりました。ここから先は、追加でチェックしておきたいことと、最終的な絞り込みの手順について見ていきます。

まず、安全対策として見ておいてほしいのが、純資産と運用実績です。市場には新しい商品が生まれる一方で、消えていく商品もあります。せっかく長期投資を念頭に積立をはじめたのに、運用が不安定なせいで、商品そのものがなくなってしまった……というのでは困りますよね。そのチェックポイントになるのがこの2つです。

純資産は「その商品にどれくらいのお金が集まっているか」を表しており、基本的には30億円、最低でも10億円が安全ラインとされています。また、運用実績は3年以上を目安にしますが、長ければ長いほどいいと考えてください。あまりに歴史の浅い投資信託は、長期投資には向きません。

ただし、低手数料でしっかりしたアロケーションポリシーをもって運用している商品や、すでに実績のあるシリーズ内の新商品などであれば、運用実績が短かったり純資産が10億円に満たなかったりしても、思い切ってお金を託してみてもいいでしょう。

「為替ヘッジ」とは？

あと気になりそうな項目としては、「為替ヘッジ」という項目です。

国外のインデックスに連動する投信は、当然のことながら、日本円以外の外貨で運用が行われることになります。そのため、海外投資関連の投信はすべて、為替変動の影響を受けます。円安のときは、通常の投資利回りにプラスして、為替による利益が乗ってきますし、逆に円高になれば、為替による損失が投資利回りから差し引かれます。

こうした為替レートの変動による影響を極力回避してくれるのが「為替ヘッジ」ですが、これには必ずコストがかかるため、その分、信託報酬が高くなる傾向があります。

そもそも為替の動きは予測不可能だと言われていますし、複数の通貨で運用をしているということは、それ自体に投資の分散効果が期待できるということでもあります。どうしても為替リスクを避けたいというのでもない限りは、手数料を低く抑えることを優先し、「為替ヘッジなし」を選ぶのが賢明でしょう。

投資信託のタイプを選ぶ

ここまでくると条件をクリアする商品がぐっと絞られたはずです。SBI証券のウェブページで見ると、2552本の商品が125本に絞られました。あとはここから、どんなタイプの投資信託にするかを選んでいきます。

バランスファンドを購入するつもりの人は「ファンド分類」のなかの「バランス」を選びましょう。ここにターゲットデートファンドが含まれていることもあります。

もし自分でアロケーションを組むのなら、適宜「国内株式」「国際株式」「国内債券」「国際債券」のどれかにチェックを入れて商品を絞り込みます。国内株式については「TOPIX」連動のものを選ぶといいでしょう。また、先進国株式とエマージング国株式は「国際株式」に含まれています。

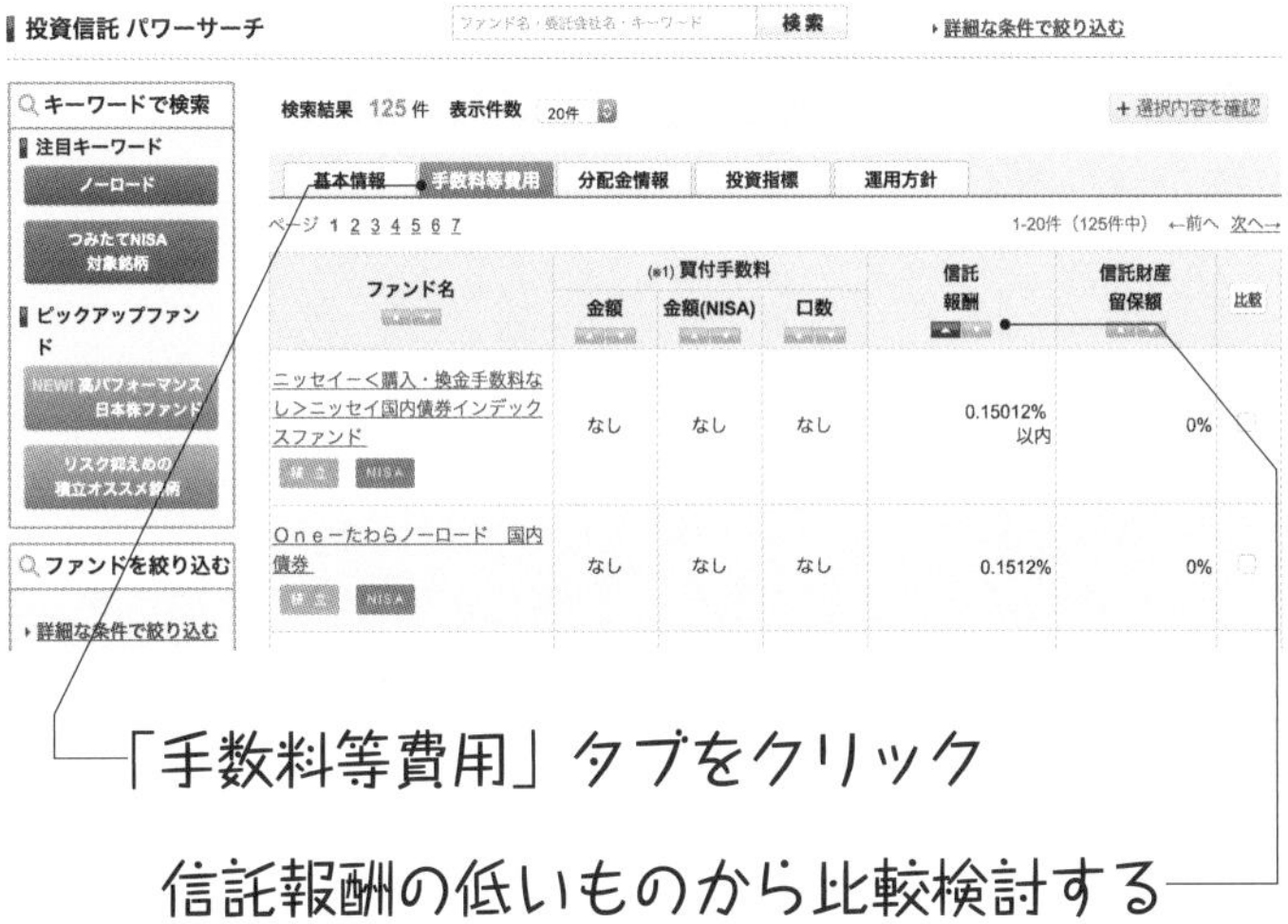

「REIT」は不動産投資信託のこと、「コモディティ」は穀物・原油・金属などに関連した投資信託ですから、無視してかまいません。

信託報酬の低いものから吟味していく

ここまで絞り込んだら、もう一度、信託報酬の低さを基準にします。

SBI証券の場合は、画面上部の「手数料等費用」タブのなかに「信託報酬」の列があるので、ここにある「▲／▼」をクリックすると、昇順・降順でのソート（並べ替え）が可能です。

信託報酬の低いものから優先的に吟味していくといいでしょう。

ここまでが「自動積立用のインデックス投信」を選ぶために必要な情報です。それ以外にもいろいろな条件が設定可能ですし、こだわりだせばきりがないのですが、あとは無視してしまっても、ほとんど大きな問題にならないと思います。

＊　＊　＊

どの会社の商品がいいかなどもあまり気にする必要はありません。基本的にはインデックスに連動して値動きするだけの商品なので、ファンドマネジャーの手腕や会社ごとの方針もほとんど関係なく、運用成績も大同小異です。**違ってくるとすれば、信託報酬などの手数料くらいですから、最後は手数料を決め手にするのが合理的**です。

ネットなどにはさまざまな情報が溢れていますが、情報過多もある意味では、消費者を惑わすための金融機関の戦略とも言えます。

消費者が頻繁に商品を乗り換えてくれれば、手数料が儲かるしくみになっていますから、運用会社もあれやこれやと新しい商品を開発しては売り込もうとします。「いまこそ○○だ！」とか「○○な時代の…」といった〝**機を見る**〟**系の謳い文句はすべて、「何**

もせず持ち続ける！」というみなさんの決意を揺るがし、「何かしたい気持ち」にさせるための策略だと思ってください。

必要な情報を見極めること、不要な情報には惑わされないこと、ほんとうに必要な情報が隠されていたら開示を求めること——こうした消費者側の姿勢が、今後よりよい投資信託を日本に生み出していく力になると思っています。

せっかく増やしたから「税金」に取られたくない！

一方でじつは、利回りを低下させる要素が〝もう1つ〟だけあることを、お伝えしてきませんでした。何だかわかりますか？

それは**税金**です。これまでの利回りシミュレーションなどでは、税金を完全に度外視してお話を進めてきました。

しかし、株式であろうと、インデックス投信であろうと、預金であろうと、一定の運用利回りが出れば、そこには必ず税金がかかります。**投資信託の場合は、運用による利回りにも分配金にも、ともに年20・315%の税金がかかります。**

それほど大きくもない金額に思われるかもしれませんが、これは長期的に見れば資産の複利パワーをかなり大きく引き下げます。利益の一部が税として削り取られることは、複利がかかる元本そのものが小さくなることを意味するからです。

とはいえ、この税金はすべて〝ゼロ〟にすることが可能です。しかもそのためには、インデックス投信の「置き場所」を変えるだけで十分です。

通常の証券口座は**課税口座**と呼ばれており、ここで生まれた利回りは課税対象になりますが、近年の制度変更により、各社には**非課税口座**が用意されるようになりました。

ここでみなさんにおすすめしたいのは次の2つです。

❶　iDeCo
❷　つみたてNISA

この2つにはそれぞれのメリットとデメリットがあります。多くのふつうの家計は、両者を組み合わせて使うことで、かなりの節税効果を得ることができます。まずは❶iDeCoから見ていきましょう。

ダブル節税パワーを発揮するiDeCo

iDeCo《イデコ》とは、日本で新たにはじまった**個人型確定拠出年金**の通称です。なんだか難しそうな言葉が出てきましたが、ひとまずはインデックス投信で自動積立をしていくときの〝入れ物〟の名前だと思っておいてください。

覚えておきたいのは、職業（自営業、公務員、会社員、専業主婦）や企業年金の有無

iDeCo の拠出限度額は？

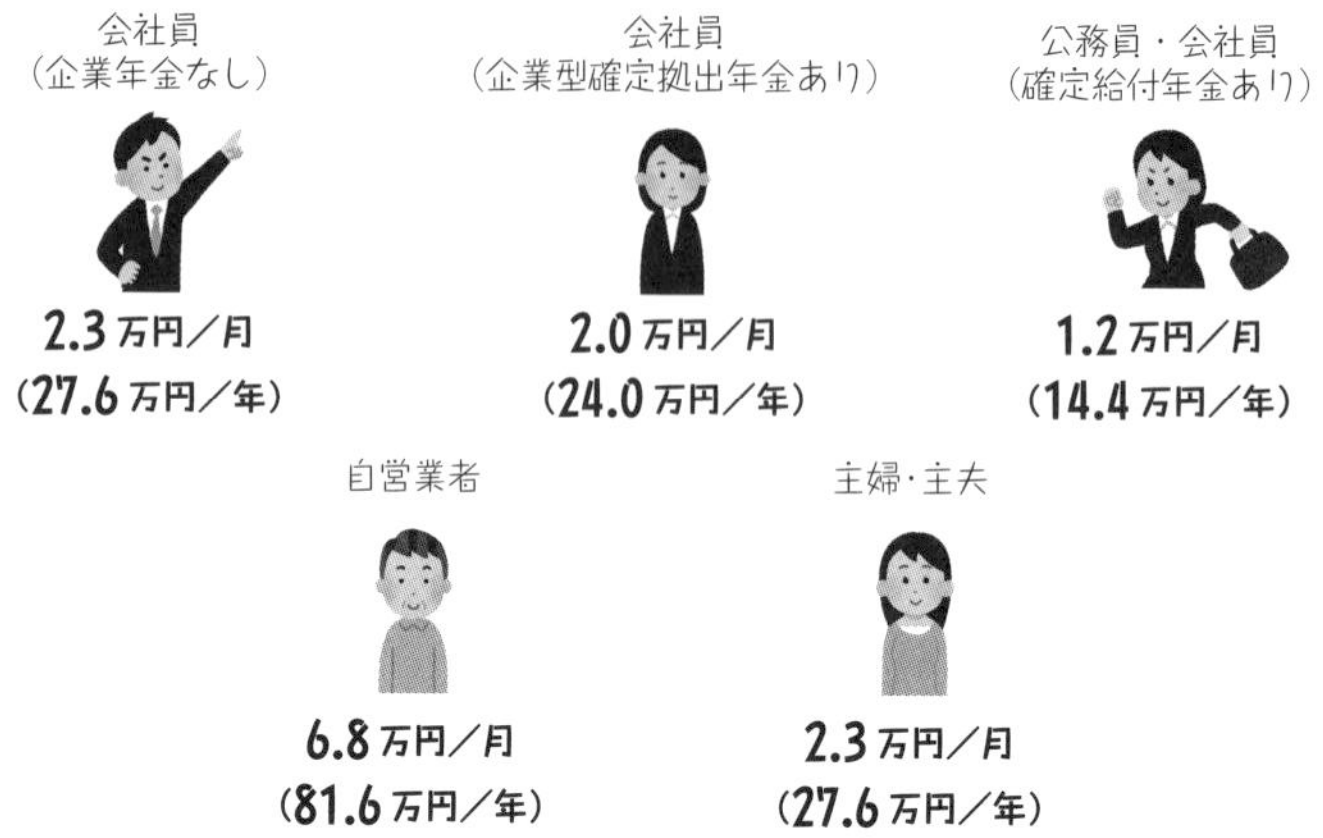

によって、入れ物の大きさ＝年間の積立可能額の上限が変わってくるということ。なお、下限は月５０００円です。

前述のとおり、この入れ物にインデックス投信の自動積立をしていけば、**年々の運用利回りにかかる20・315％の税金が非課税**になります。

ある年に５％の利回りが出たと考えてみてください。元本が１００万円のときの利回りは５万円ですから、課税額は約１万円です。つまり、これは実質的には利回りが４％に落ち込んでいるのと同じ。ｉＤｅＣｏの第１のメリットは、この１万円が徴収されずに済むことです。

一方、iDeCoはその名のとおり、「年金」として設計されていますので、**ここに積み立てたお金は60歳になるまで引き出せません。**60歳以降に月々の年金として受け取るか、まとめて一時金として受け取るかのどちらかが選べるだけです。

これをデメリットとして指摘する声もありますが、**長期運用を前提にしている人にとっては、60歳まで引き出せないことはむしろメリット**でしょう。要するに、制度そのもののなかに本書のエッセンスである「何もしない」が組み込まれているのです。

しかし、iDeCo固有のメリットは、以上2つのどちらでもありません。注目すべきは、**その年に積み立てた額がすべて所得控除の対象になる**ということです。このしくみは、このあと紹介するつみたてNISAにはありません。iDeCoは「利回りの非課税」と「積立金の全額所得控除」という**ダブル節税のしくみ**であり、長期投資を考えている人は利用しない手はないと言えるでしょう。

積立金の所得控除とは何かについてご説明します。

たとえば、企業年金のしくみがない企業に勤める年収500万円の会社員が、月1万2000円の定額積立をiDeCoでやったとしましょう。この場合、年

14万4000円の積立分は所得税の課税対象となりませんから、500万円から14万4000円を差し引いた（控除した）金額に対し所得税や住民税の額が決まります。なお、この場合の節税効果は2万8800円となります。

「大した金額じゃないな……」と思いますか？　しかし考えてみてください。本来なら所得税と住民税に消えていたはずの2万8800円が手元に残るということは、あなたが年間に負担しているのは11万5200円だけだということです。残りの2万8800円は国・自治体があなたの代わりに積み立ててくれているとの同じです。

iDeCoの所得控除による節税効果は、所得税を多く払っている人ほど、つまり所得の多い人ほど、大きくなります。夫婦で2つのiDeCoを開いてもいいですし、もし片方だけにしようと思っているのであれば、所得が多いほうに積み立てると、税金上はよりお得になります。また、節税分はそのまま消費に回すのではなく、翌年分の積立に再投資すれば、いっそう複利効果は高まります。

なお、この所得控除を受けるためには、**自営業者であれば確定申告、会社員であれば年末調整での対応が必要**になります。あくまでも手続きのあとに、節税分が戻ってくるという流れですので、お間違いのないようにご注意ください。

iDeCo用の投信を探す場合は、先ほど見たような絞り込み検索のページ☞206ページではなく、専用ページから商品を調べていくことになると思います。しかし、選ぶべき商品の基準は変わりません。みなさんがiDeCoをやったときの節税効果は、ウェブ上のシミュレーターで簡単に計算できます。

・節税メリットシミュレーション（iDeCoポータル）
http://www.jis-t.kojingata-portal.com/about/setsuzei.html

もっと貯めたいときは？――つみたてNISA

パワフルな節税効果が見込めるiDeCoですが、積立額の上限がそこまで大きくないため、「もっと積み立てたいのに……」という方もいらっしゃるでしょう。そんな人はぜひ2018年1月からはじまった**つみたてNISA**《ニーサ》も検討してみてください。

以前からあった**ＮＩＳＡ（少額投資非課税制度）**も、ｉＤｅＣｏと同様、運用利回りに税金がかからなくなるしくみでしたが、これは非課税期間が5年に限られており、長期投資を前提とした設計にはなっていませんでした。

その点をクリアすべく誕生したのがつみたてＮＩＳＡです。こちらは**非課税期間が20年に設定されており、「何もしない」派の資産運用に最適化されています。**

ただし、同じ人でＮＩＳＡとつみたてＮＩＳＡの併用はできないルールなので、1年ごとにどちらかを選ぶかたちになります。

また、つみたてＮＩＳＡで運用できるのは、政府が提示した条件を満たした商品に限られています。その条件は「購入手数料を課さない（ノーロード）」「毎月分配金を出さない」「償還日までの期間は20年以上」（☞205ページ）「信託報酬が一定以下」など、先ほど私たちが確認してきた「何もしない」派のための条件に、ほぼ重なるものとなっています（アクティブ投信もリストに混在していますが、手数料が高いのですぐ見分けがつくと思います）。つみたてＮＩＳＡは、かなり消費者の立場に寄り添った制度設計だと言えるでしょう。

とはいえ、欠点がないわけではありません。**ＮＩＳＡでは120万円だった年間の積**

iDeCo / NISA / つみたてNISAの特徴

	❶iDeCo	❷NISA	❸つみたてNISA
年間限度額	14万4,000〜81万6,000円 ※220ページ参照	120万円	40万円
拠出形態	自動で定額拠出	好きなときに拠出	自動で定額拠出
投資対象商品	定期預金・投信・保険商品	株・投信・REIT・ETF	条件を満たす投信・ETF
税優遇	所得控除・運用益非課税	運用益の非課税	運用益の非課税
拠出可能期間	無期限 ※2018年2月時点	2023年まで	2037年まで
非課税期間	最長70歳まで	拠出から5年（最長10年）	拠出から20年間
払い出し	60歳まで不可	いつでも可	
併用	❷か❸と併用可能	❶と併用可能。❷か❸かは毎年どちらかを選択	

立上限額が、つみたてNISAでは40万円と少なくなります。しかも、積立型の長期投資では不可欠な「分配金の再投資」「リバランス」「アロケーション調整」のための購入分も、この40万円の非課税枠にカウントされるようになっているため、場合によってはそれだけで非課税枠を使い切ってしまいかねないのです。

この点は正直なところ、プログラムとして大いに改善の余地があると思いますが、現時点での対応策としては、リバランスやアロケーション調整を引き受けてくれるターゲットデートファンドを使うか、あるいは、買い足しのみでアロケーション調整を行うといった方法があります。

夫婦で使えば最強！「積立節税」の二刀流メソッド

「iDeCoとつみたてNISA、それぞれどう使い分ければいいの？」

そんな疑問を持った方のために、おすすめの使い方をお教えしましょう。ただしこれは、あくまで老後のために「定額積立＋長期投資」をやる方に最適な方法です。

まずはiDeCoで年間上限額いっぱいまで月々の自動積立を行うようにしましょう。これによって積立額分の所得控除が受けられるとともに、運用利回りも非課税になります。ご夫婦であれば2人とも同じようにiDeCoに加入してもいいですし、どちらか片方にするならば、より所得が高い人のほうに積み立てて、節税効果を最大化します。

さらに、それでもまだ長期投資に回せるお金があるなら、つみたてNISAの口座に一定額を積み立てていきましょう。夫婦2人ともつみたてNISAの口座を開いてもいいですし、こちらは所得によって節税効果が変わることはありませんから、どちらか一方だけにしてもかまいません。

また、お子さんがいる場合は、妻のつみたてＮＩＳＡは学資準備用、夫のつみたてＮＩＳＡは老後資金用などのように、用途を分けてもいいでしょう。学資準備の場合は、お子さんの年齢に応じて投資期間が比較的短くなりますから、あまりリスクを取らないアセット・アロケーション（債券比率を高めにしたリスク低めのバランスファンドなど）がおすすめです。

あるいは、お子さんの大学入学年あたりをターゲットデート（目標日）に設定したターゲットデートファンドを、つみたてＮＩＳＡで運用するのもいいでしょう。

「1枚の図」に全部をまとめてみると……

本書のメインパートはこれで以上です。ここで全体を振り返っておきましょう。

まず、私たちの家計の多くは、勤労所得だけで走るガソリン車でした。ガソリン車が少しでも走行距離を伸ばすためにできることは、「やりくり」によって燃料を「節約」することです。これだと人生を走り切るのは、なかなか難しいのでしたね。

そこで考えられる改善方法が、次の2つの組み合わせでした。すなわち……

❶ クルマの中身を**軽量化**する（過剰な「預金」と無駄な「保険」をやめる）
❷ クルマのエンジンを**改造**する（「資産がお金を生むしくみ」を構築する）

❶**軽量化**については、**基本生活費6カ月分の預金**と**家計の存続リスクをカバーする掛け捨て保険**が結論でした。これによって浮いたお金は、新エンジンに投入することで、

「最高の家計」をつくるために…

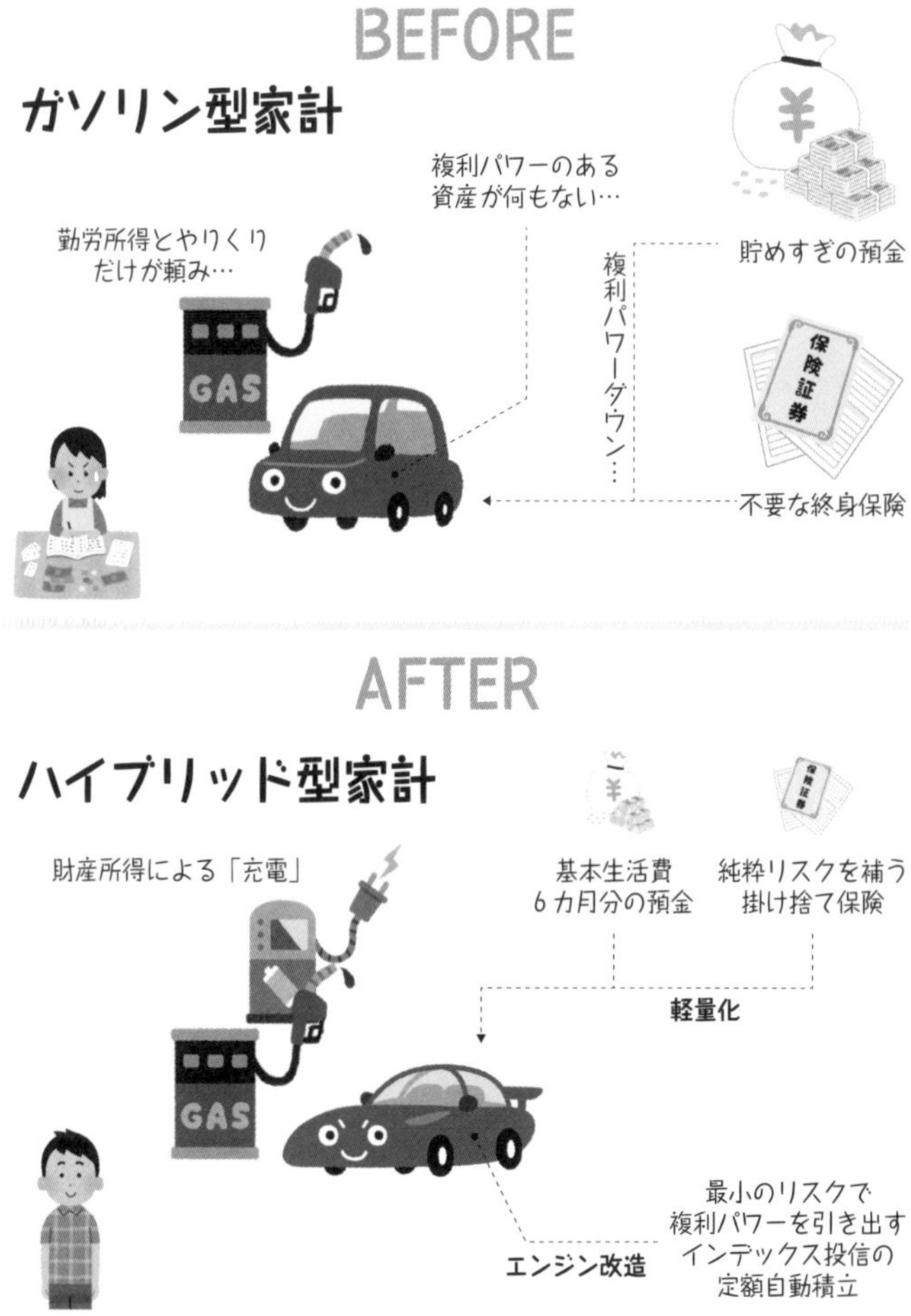

さらなる資産形成パワーを生み出すことになります。

❷**改造**で有効なのが、**インデックス投信の定額自動積立**でした。世界市場の全銘柄に投資する**（平均狙い）**と同時に、一定額をコンスタントに積み立てて長期保有する**（何もしない）**ことで、リスクをコントロールしながら、資産の**複利パワー**を引き出すことが可能になります。これはいわば、ガソリン走行をしながら蓄電池へのパワーチャージも行う「ハイブリッドエンジン」への切り替えです。

この2つにより、あなたの家計は見事に生まれ変わります。

勤労所得だけに頼って、なんとか人生を乗り切ろうとする「ガソリン車」から……

↓

勤労所得＋財産所得の力で、パワフルに走り続ける「ハイブリッドカー」へ！

ほんとうに「4000万円」が貯まった人の話

プロローグで触れた「２０００万円を４０００万円に倍増させた人」の話☞18ページを覚えていますか？

じつはこの方は、**「平均狙い」のインデックス投信の自動積立を実践し、愚直に「何もしない」を貫いたことにより、思っていた以上の資産を手に入れた**のです。

彼が積立をはじめたのは２０００年夏。アメリカの４０１ｋ（確定拠出年金）という年金制度を利用することにし、毎月の給与からの天引きで自動的に定額を積み立てることにしました。なお、このプランでは、本人が勤める企業のほうも積立をしてくれる**マッチング拠出**のかたちが取られています。

彼は銀行口座に６カ月相当の生活費を貯め、車の買い替えと家の改装のための費用は別枠で用意しながら、あとの余剰金はすべてインデックス投信の積立に回しました。生命保険は掛け捨ての保険を使い、保障額は十分に確保するとともに、保険料は最小化しました。２人の子どもの学資はそれぞれに学資積立プログラム（５２９プラン）を利用し、こちらもインデックス投信に回していますが、右記の年金とは別立てです（これも運用利回りは非課税）。

アメリカの確定拠出年金は、一定の上限額までは積み立てた分が所得控除の対象になります（２０００年には約１０５万円／年、２００９年には約１６５万円／年）。当時は余裕資金が多かったこともあり、彼は上限額に近い額を9年にわたって積み立てていきました。その結果、２００９年には本人の積立総額は１１８０万円、そこに企業側が積み立ててくれた９００万円が加わり、総額２０８０万円ほどが４０１k口座に入っていた計算になります。

その後、彼は２００９年夏に転職したため、この４０１k口座での積立はストップして、新しい職場での４０１k積立をはじめました。このとき、古い口座はそのまま何もせず放置したのがよかったようです。

わずか7年半で4000万円になった例

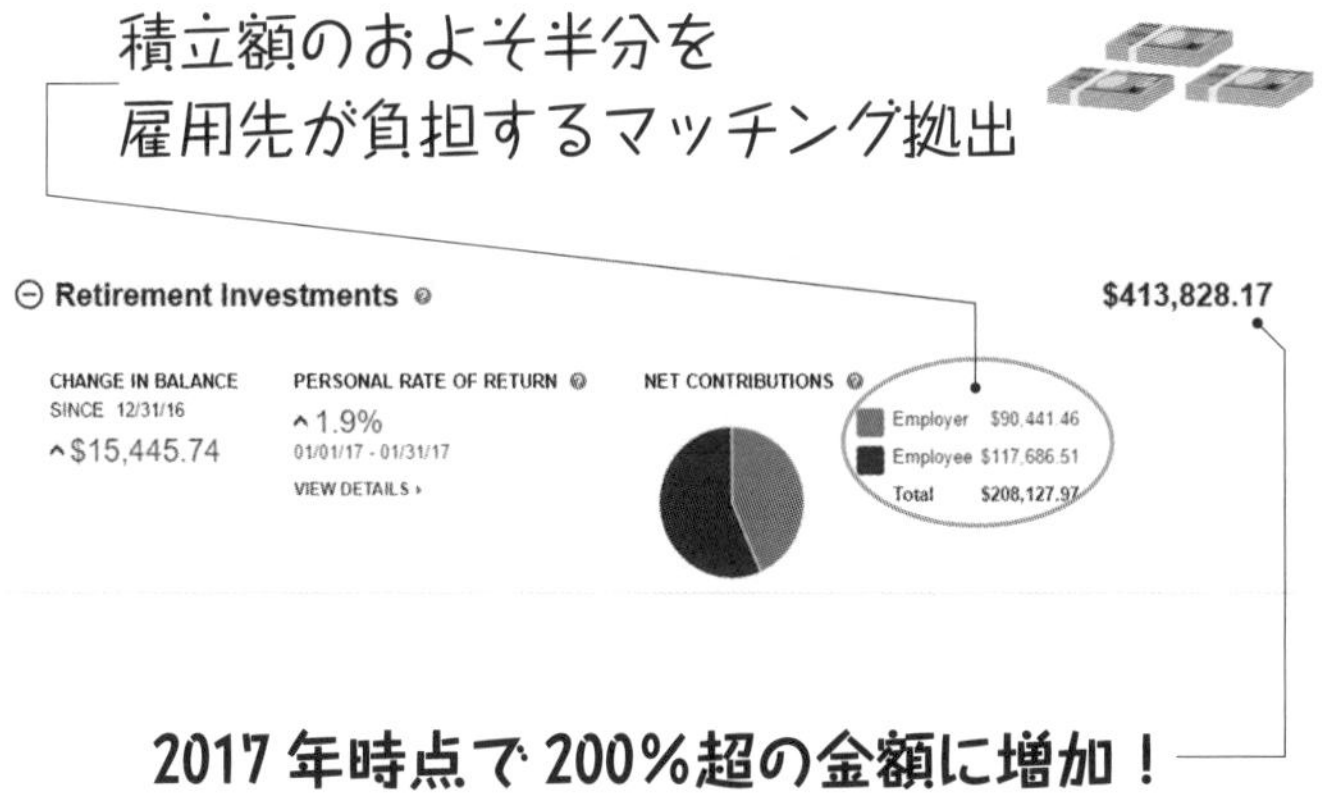

何もしないまま７年半が過ぎ、２０１７年初頭に何気なく口座残高を見た彼は、唖然としました。

２０８０万円だった資産は、７年半のうちに４０００万円超にまで増えていたからです。

彼が積み立てていたのは、バンガード社のインデックス投信で全世界分散したターゲットデートファンドでした。

信託報酬は大手企業割引もあって０・１０％。７年半のほったらかし期間にも、自動的にリバランスとアロケーション調整をしてくれていたため、自分にぴったりのアロケーションがしっかり保たれています。

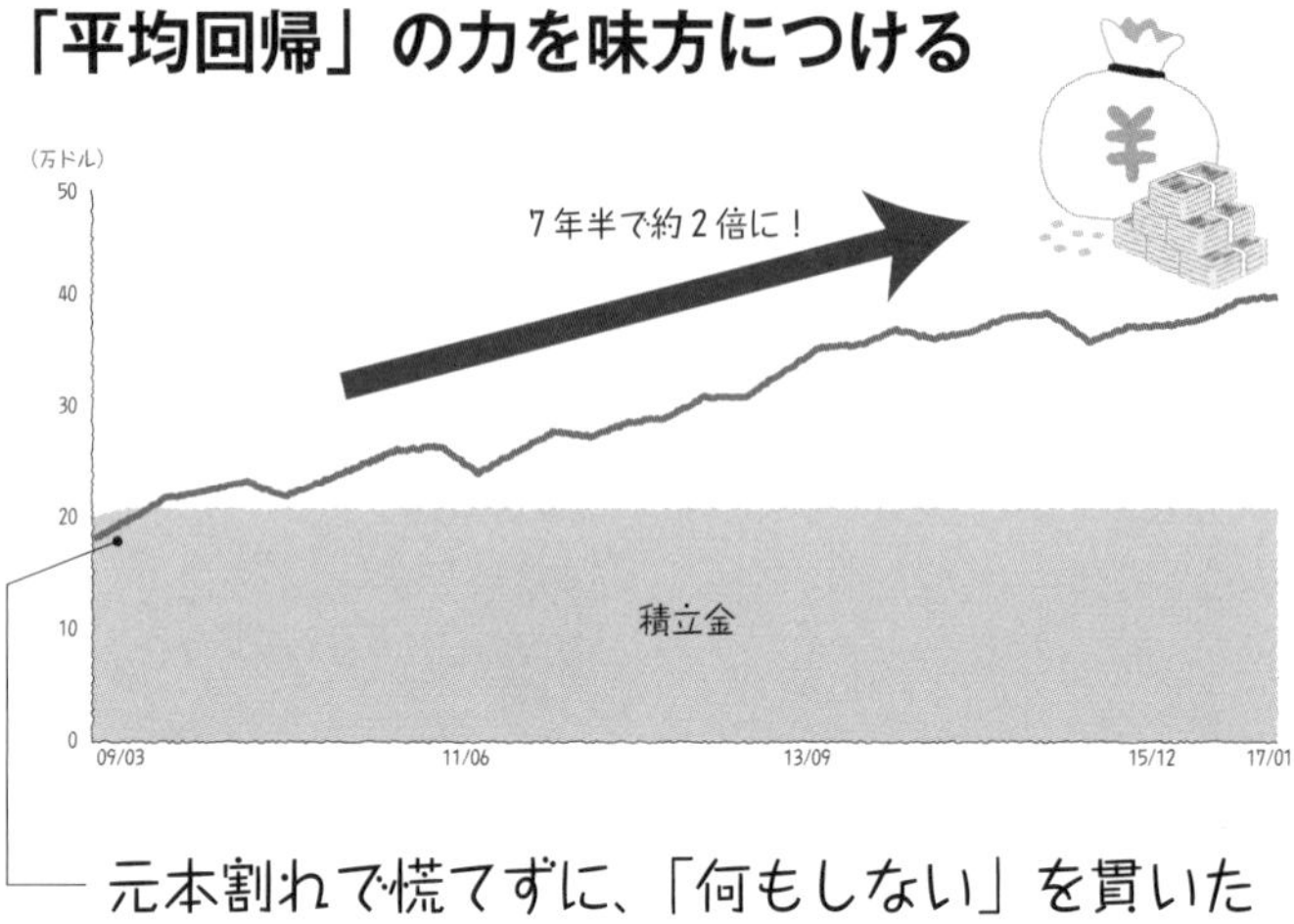

年平均の利回りはすでに書いたとおりですが、２００９年から２０１７年だけに絞ると、年平均９・５％という驚くべき数字です。この期間は、世界金融危機での暴落からの値戻し（平均回帰）がありました。高い利回りが出たのも頷けます。

なお、２０００年夏の積立開始当初からの16年半の平均利回りは年６・０％でした。

上のグラフ左端の２００９年３月を見ると、積み立てた元本のラインを下回り、マイナスが出ていることが確認できます。

彼も当時、これにはちょっとショックを受けましたが、「こういうときこそ『何もしない』を貫こう！」と自分に言い聞かせ、その後、口座残高をチェックしないことに決めたそうです。

このとき、もしも「何かしたい気持ち」に負けて、このターゲットデートファンドを売却してしまっていたら、年9・5%といういちばんおいしい値戻し期は完全に逃していたでしょう。

あくまでこれは過去のデータであって、将来もこうなるとは限りません。

しかし現時点では、これよりも手堅くてラクな方法がほかにはない以上、**大多数の「ふつうの家計」にとっては、インデックス投信の自動積立こそが「最高の方法」なのだと私は信じています。**

＊　＊　＊

もう少し具体的にイメージをつかみたい方は、巻末付録の『資産形成エンジン』を大改造！　4つの家計ビフォー&アフター」もご覧ください。24歳・36歳・48歳・60歳という4つの家計をベースに、資産形成エンジンの改造ケースをまとめてあります。

というわけで、あとは実践に移せるかどうか、それだけですね！

……と言いたいところですが、まだいくつか引っかかっている点があるかもしれません。そんな人のために、実際のマネーアドバイスでもよく聞かれるものを中心にQ＆Aをまとめてみました。気になるものだけでもパラパラとご覧いただければと思います。

Chapter

6

まだここが気になる！ 最高の家計Q&A

Q 投資なんて……結局、ギャンブルですよね？

A 根本的にギャンブルとは違いますし、投機でもありません。「何もしない&平均狙い」は最も手堅い投資です。

「株なんてギャンブルだ！」と言う人がいます。これはある意味でそのとおりです。結局、ギャンブルかギャンブルでないかは、その人のスタンス次第だからです。イチかバチかで株に〝賭けて〟いるのであれば、やはりその人がやっているのはギャンブルです。

このことを理解していただくときに、私がまずお伝えすることにしているのが「ギャンブル」「投機」「投資」という3つの言葉の違いです。

まず、競馬とかパチンコとかカジノといった**ギャンブル**の場合には、必ず胴元がいます。最終的には胴元に利益が出るよう、つまり、賭け手が必ず損をするように確率計算がなされているのが、ギャンブルのしくみです（**期待値マイナス**）。

これに対して**投資**は、一定のリスクは取りつつも、長期的にはプラスの利回りを出していくことが前提になっています（**期待値プラス**）。本書で紹介してきたインデックス投信の自動積立は、短期的な下落があっても、長期的にはプラスへの平均回帰が起こり、一定の利益を手堅く稼いでいく手法でした。

ギャンブルの場合は、「平均」がそもそもマイナスに位置しているので、分散効果が働くほど損の可能性が高まるのが特徴です。たとえば、毎日同じパチンコ台で同じお金を賭け続ければ、その人の勝率は間違いなく「平均」＝「負け」に近づいていきます。

このギャンブルと投資の中間に位置するのが**投機**です。投機は売り手と買い手の勝負であり、市場には勝った分だけの負けが存在するゼロサムゲームです（**期待値ゼロ**）。「事前に確率計算をしている胴元」と「確率を知らされない賭け手」が戦うギャンブルとは大きく違い、投機では市場参加者同士の戦いが行われます。そのため、知識・経験と情報に基づいた分析により「機」を見極めれば、勝率をある程度は高めることが可能だとされているわけです。

以上のとおり、**「何もしない＆平均狙い」のインデックス投信は、「期待値マイナス」のギャンブルとも違いますし、「平均以上」をがんばって狙おうとする投機とも区別される**のです。

Q アクティブ投資ってダメなんですね……

A そんなことはありません。儲けるためにリスクを取る人たちがいるから、「平均狙い」ができます。

ここまでの内容や前項の知識をお伝えすると、「アクティブ投資＝悪、パッシブ投資＝善」「投機＝悪いもの、投資＝よいもの」と誤解してしまう人がいます。そのような決めつけはあまりに短絡的でしょう。

忘れてはならないのは、**投機をする人がいるからこそ、市場が活性化し、適切な市場価格が保たれている**ということです。がんばって分析を行い、「平均以上」を狙ってハイリスクを取ってくれる投機家やアクティブ投資家がいるからこそ、勝者と敗者が生まれ、そこに「平均」が生まれます。そんなことはまずあり得ませんが、もしも世界中の人が平均を狙いはじめれば、そのときこそは世界経済が同時に沈没することになるかもしれませんね。

大切なのは「自分はどんなスタンスを取りたいか」です。株式にせよ債券にせよ不動産物件にせよ外国通貨にせよ仮想通貨にせよ、がんばって調べてがんばって選ぶ能力と気概がある人は、それをやればよいのです。反対に、そういうスキルやモチベーションが自分にはないと思うのであれば、タイミングを選ばずにひたすら「何もしない＆平均狙い」に徹するのが、最も手堅いというだけのことです。

Q もっといい方法ってほかにないんですか？

A どれだけリスクを取りたいか、どれだけ手間をかけられるか次第です。

繰り返しインデックス投信をおすすめしてきましたが、巷ではいろいろな資産運用の方法が推奨されていますよね。「もっとほかにもあるんじゃないの？」という方のために、主要なもの（インデックス投信、アクティブ投信、個別株、ＦＸ、外貨預金、不動産投資、インデックスＥＴＦ）の特徴をまとめてみました。

このうち、インデックス投信、アクティブ投信、個別株については、本文中で触れてきたので省略しましょう。まず見ておきたいのが、ＦＸと外貨預金です。

いろいろな投資の特徴

	インデックス投信	アクティブ投信	個別株	FX	外貨預金	不動産投資	インデックスETF
リスク分散効果	○	△	×	×	×	××	○
平均回帰	○	△	△	×	-	△	○
ドルコスト積立	○	○	△	○	○	×	△
手数料	○	×	○	△	×	×	○
手間のかからなさ	○	○	○	△	○	×	○
「目利き」の要らなさ	○	△	×	×	△	×	○

○が多いほど「何もしない＆平均狙い」に向く

FX（外国為替証拠金取引）は、主に特定の外国通貨と日本円との為替差益で儲ける取引です。第一に、**1つの外貨だけを選ぶという意味では個別株と同じ**であり、リスク分散の要素はありません。また、基本的には短期的な売り買いを前提としたゼロサムゲームであり、投機的な性質を持っています。機を読む能力に長けていれば、大きな利益を上げられる可能性はありますが、為替の動きを絶えずウォッチしておく必要がある（アクティブ型）ため、忙しい人にはおすすめできません。

外貨預金は、短期的な売買ではないという意味ではパッシブではありますが、**特定の外国通貨で預金しているので、平均狙い**

によるリスク分散はできません。ＦＸと同じような相当の為替リスクが残ります。通常の国内預金と比べれば利回りは高いかもしれませんが、あくまで預金なので投資とも呼べる水準ではありません。預金というと安全そうな印象を抱いてしまいますが、為替リスクと手数料のせいで元本割れの可能性はつねにあります。

Q 現物のある不動産投資のほうが手堅い？

A スキルと時間があるなら○。ただし、現物があるからこそのリスクも。

外貨以外で根強い人気があるのが、**不動産投資**でしょう。マンションや戸建のオーナーになり、それを他人に貸し出すことで賃貸収入を得るという方法です。また、不動産の価格が購入時よりも高くなれば、転売することで利益（キャピタルゲイン）を得ることもできます。これは**長期的な利回りを前提としていますから、立派な投資**だと言えるでしょう。

ただし、不動産投資の場合は、立地条件や収益率を見抜く力、空室や家賃滞納、修繕・

管理にかかるコストをコントロールする能力など、一定の知識・ノウハウが必要になります。また、**特定の物件を選んでの投資なのでリスク分散はありません**し、ほかの投資と比べると投資金額の単位が莫大になるので、むしろ一極集中のリスキーな状況になりがちです。

また、投資用不動産の購入には融資が通りやすく、レバレッジが掛けやすいことがもてはやされたりもしますが、逆に言えば、**大きな借金を抱えたハイリスク・ハイリターンの状態になる**わけですから、資産価値が暴落したり、空室が続いたりすれば、直ちに悲惨な事態になります。

「現物があるから安心」というロジックも怪しく、これは**現物があるからこそリスキー**とも考えられます。地震・火災などの災害、建物内での事件や住人トラブルといった不可抗力のリスクは、通常の金融商品ではまずありません。

不動産への投資でリスク分散を実現したければ、**ＲＥＩＴ（不動産投資信託）**という商品もあります。ただし、ＴＯＰＩＸなどのインデックス投信を選べば、その市場内のＲＥＩＴはすでにそこに組み込まれています。ＲＥＩＴだけを単体で購入する必要もないかと思います。

Q 同じパッシブ投資なら「インデックスＥＴＦ」は？

A 手数料の低さとラインナップは魅力だが、定額積立に使えないのがネック。

先ほどの表☞242ページの右端にあった**インデックスＥＴＦ**についても説明しておきましょう。

私たちが投資信託を購入するときは、証券会社を介して運用会社と取引をするのがふつうです。しかし、その投資信託をまるで株式のように市場で取引できるようにしたのが、**ＥＴＦ（上場投資信託）**です。

投信の値段は日中は変動がなく、その日の1回だけ決まる基準価格で売買がなされます（投機的な売買を防ぐ効果）。一方、ＥＴＦの値段は、株と同じように、市場の需給関係によってリアルタイムに変動します。この意味で、ＥＴＦは通常の投資信託よりも投機的に使われやすい性質を持っています。

ただし投信と同様、アクティブ運用されているＥＴＦもあれば、インデックスに連動するパッシブ型のＥＴＦもあります。値動きを見ながらアクティブ型ＥＴＦを売買すれば、これは2重に投機的な取引ということになりますが、逆に、**インデックスETFを長期的に保有するパッシブ運用のスタンスを取れば、これは十分に投資的**です。しかも、同じインデックスに連動していても、傾向としては投信よりも**ETFのほうが信託報酬が低い**という点も魅力です。

一方、**ETFの最大の弱点は、ドルコスト平均法が使いづらく、定額積立がしづらいこと**です。投資信託では「毎月1万円分を購入する」と決めておけば、価格が2000円のときには5単元、翌月に1834円に下がれば5・45単元というように、金額ベースの取引が可能です。一方、ETFの場合は、個別株などと同様、2000円のときに5単元買えば1万円、1834円のときに5単元買えば9170円というかたちの取引しかできません。

よって、インデックスETFは月々の積立ではなく、**すでに手元にまとまった資金があって、一括投資したいときなどに利用価値が高い**と言えるでしょう。

また、私がイチオシしているバンガード社☞146ページについて言えば、ETFはほぼフルラインナップで購入できます（ただし、これらはドルベースでの取引）。SBI証券や楽天証

バンガードETFとそれをもとにした投信

コード	名称	内容	経費率（手数料）	
			日本	米国
VT	バンガード トータル ワールド ストックETF	全世界株式	0.17%	0.11%
VTI	バンガード トータル ストック マーケットETF	米国株式	0.05%	0.04%
VXUS	バンガード トータル・インターナショナル・ストックETF	米国以外の世界株式	0.14%	0.11%
VWO	バンガードFTSEエマージングマーケッツETF	エマージング国株式	0.15%	0.14%
BND	バンガード 米国トータル債券市場ETF	米国債券	0.08%	0.05%
BNDX	バンガード トータル インターナショナル債券ETF（米ドルヘッジあり）	米国以外の債券	0.19%	0.12%

※日本の経費率はSBI証券のものを掲載

ベースのETF	名称	信託報酬（手数料）
VT	楽天・全世界株式インデックス・ファンド	0.1296%
VTI	楽天・全米株式インデックス・ファンド	0.1296%
VWO	楽天・新興国株式インデックス・ファンド	0.1296%

券などが、その魅力を積極的に啓蒙しているようです。アメリカで買う場合よりも、少しだけ手数料が高めになっていますが、それでも非常に低いレベルです。

また、すでにご紹介した「楽天・バンガード・ファンド」（→194ページ）は、これらのETFをベースにした投資信託です。こちらは円ベースでの購入が可能なうえ、ドルコスト平均法での自動積立もできるため、利用価値の非常に高い商品だと思います。

Q 「まとまったお金」があるときはどうすれば？

A まとめて積み立てても分割しても、そんなに結果は変わりません。

インデックスＥＴＦのところの最後で「すでに手元にまとまった資金がある場合」の話が出ました。家計システムをつくるときは、月々決まった額を積み立てていくスタイルが基本になりますが、たとえば預金と保険の見直しをした段階で、かなりの余裕資金があることがわかったりした場合、どうするのがベストなのでしょうか？

「まとまった額を一気にインデックス投信に入れてしまったら、肝心のリスク分散効果（時間分散）がなくなるのでは？」

そんな心配をする方もいると思いますので、これにお答えしておきましょう。

結論から申し上げますと、**比較的小さな額であれば、一度に積み立ててしまって問題ない**と思います。また、たとえ大きな額をいくつかに分割するにしても、なるべく早く

「資産が資産を生む状態」をつくるのが得策です。

たとえば、資金を3等分して月1回ペースで3カ月かけて積み立てるとか、4等分して隔週ペースで2カ月かけて積み立てるなど、あらかじめ決めたルールのとおりに、ロボット的に積み立てるのがいいでしょう。

「…そうは言っても、いまは株価が上がっているし……」などと〝機〟を見て考えはじめると、なかなか動き出せなくなります。考えて迷っているうちにも時間は過ぎていきますが、**その時間こそが資産の複利パワーの源泉**だということを忘れてはなりません。

これについては、以前から専門家たちのあいだでも議論がありますが、結論としては、**「投資期間が長期になるなら、どれを選んでも〝誤差〟程度の違いしか生まれない」**と言えるかと思います。

バンガード社が報告したリサーチをご紹介しましょう。*　1億円のお金を10年間にわたってインデックス投信に入れるとき、一括で投資するのとタイミング分散して投資するのとではどちらの成績がよくなるかを、アメリカ、イギリス、オーストラリアの過去データを使ってシミュレーションしているのです。なお、どちらも投資タイミングを見計らったりはしない前提です。

＊Shtekhman, A., Tasopoulos, C., & Wimmer, B. (2012). Dollar-cost averaging just means taking risk later. *Vanguard Research*. [https://personal.vanguard.com/pdf/s315.pdf]

この分析では、軍配は一括投資のほうに上がりました。**まとまった資金があるときは、下手にタイミングを分けて投資するよりも、一刻も早く全額を投資して、市場全体の平均利回りを確実に享受するほうが、3分の2の確率で運用成績がよくなる**とのことです。

ただし、つみたてNISAの利用者は、まとまった額を積み立てると、非課税枠を使い切ってしまうことになります。こういうときは非課税枠が120万円ある従来のNISAに、一時的に切り替えてもいいでしょう。たとえば、240万円の余裕資金を長期投資に回したいのだとすれば、とりあえず本年分を月2回分に分けて60万円ずつ購入し、年末にNISAの非課税枠がリセットされたら、翌年1月1日に60万円、1月15日に60万円買うということもできます。ただし、NISAとつみたてNISAは併用ができず、年ごとにどちらかを選ぶ制度になっている点はご注意ください。

また、iDeCoではETFが対象になっていませんが、NISAではETFが使えます。NISAの非課税枠を使ってまとまった額を投資する場合には、インデックスETFも検討してみるのもいいでしょう。

Q ファンドランキングとか星の数が気になる……

A 無視して大丈夫です。「何もしない投資」では過去の成績は気にしません。

ご紹介した「絞り込み検索」で商品を絞り込んでいくと、どうしてもファンドランキングや星評価が気になってくるかもしれません。結論から申し上げれば、やはり気にするべきは手数料だけです。そのほかは自信をもって無視してください。

これらの評価（レーティング）は、なんらかの過去データを加工してつくっているものです。過去によい成績を出した投信であっても、将来同じようによい成績を出す保証はありません（☞154ページ）。

SBI証券はモーニングスター社の**スターレーティング**（5つ星評価）を使っていますし、楽天証券は独自のファンドスコアを出しています。しかし、どちらも過去データをもとにしている点は変わりません。

一方、アメリカのモーニングスター社では、ファンドマネジャーの能力・適正、ファンド会社のビジネス傾向、ファンド運用プロセス、業績や手数料などの「質的」情報を集め、将来このファンドがよい業績を収められそうかを判断する**アナリスト・レーティング**というものが発表されています。これは、過去数値に基づくスターレーティングとは異なる、未来予想型の評価システムです。

スターレーティングだと3つ星しかないのに、アナリスト・レーティングではゴールド（5段階中の最高）を取っている投資信託や、スターレーティングでは5つ星なのに、アナリスト・レーティングが5段階中の「2」ということもあります。このような乖離がある場合は、迷わず将来指向のアナリスト・レーティングのほうを優先させるとよいでしょう。

日本のモーニングスター社では、まだアナリスト・レーティングを発表していませんが、今後導する可能性はあると思います。それまでは、過去データに基づいたスコアに振り回される必要はないと思います。

Epilogue 「ほんとうに大切なもの」に投資するために――

最後まで読んでくださって、ありがとうございました。みなさんは、お金が貯まったらそれで何をしますか？　老後はどんなふうに過ごしたいですか？

1938年にはじまったHarvard Study of Adult Developmentというリサーチがあります。＊700人以上の人を青年期から老年期まで75年にわたって追跡し続けたその報告によれば、人の幸福や健康を左右する最も大きな要因は、お金でも名声でも仕事でもなく、配偶者・家族・友人などとの豊かな人間関係なのだといいます。

たしかに私たちの生活はお金がなくては成り立ちません。でも、お金の心配がなくて衣食住が整っていても、そこに豊かな人間関係がなければ、生きながらにして死んでいるようなものなのかもしれません。このリサーチでは、人とつながりを持つことと、そのつながりの質が大切だとしています。反対に、孤独であることは、精神面だけでなく健康面にもネガティブな影響があるそうです。

本書が「お金から自由になるための本」として役立ち、みなさんが「ほんとうに大切なもの」のために時間を費やすことができるようにという祈りを持って、ここまで書き進めてきました。お金は単なるツールですから、それ自体には何の価値もありませんし、

＊Harvard Study of Adult Development [http://www.adultdevelopmentstudy.org/]

死ぬとき一緒に持っていくわけにもいきません。お金はゴールにはなり得ないのです。

どうか、インデックス投信への投資が終わったら、みなさんの周りの大切な人との関係に十分な投資をすることができますように――。お金もですが、人間関係も長期投資がキーです。時間が必要です。将来の生活が楽しく健康で豊かかどうかは、今日の私たちの関係づくりにかかっているように思います。

この本も、私を助け育ててくれる豊かな人間関係のなかで生まれました。

最初に、私を育ててくれた両親に感謝します。しっかりと家計を管理する母の姿からその大切さを知り、また父のおかげで何歳になっても新しいことにチャレンジできることを知りました。

また、そもそも、お金の管理が苦手な夫がいなければ、いまの私はありませんでした。夫婦というものは、お互い足りないところを補い合い、2人で一人前でいいのだと思います。夫が稼いだお金は、CFOである私が管理する傍ら、大雑把な性格の私がまる～く掃いた部屋は、いつも夫がきれいにしてくれました。そんな夫と、私の仕事に意義を与えてくれた2人の大切な子どもたちに感謝します。

クリスチャンである私が、お金というものを扱い、その使い方を計画する仕事に就くことを迷っていたとき、聖書の「創世記」に出てくるヨセフの話をもって、「知恵のある財産管理」の大切さを教えてくださった国際ナビゲーター宣教師・百合丘キリスト教会協力牧師の宇野雄司先生と澄江さんご夫妻に感謝します。ＦＰになることこそが自分のミッションなのだと理解することができたのは、お２人のおかげです。

朝のウォーキングをご一緒させていただいている斎藤槙さんに感謝します。ご自身も企業の社会責任について本を書かれており、歩きながらの「淳子さんも本を書いてみたら？」のひと言からすべてがはじまりました。

ベストセラー『世界のエリートがやっている 最高の休息法』（ダイヤモンド社）をお書きになった精神科医の久賀谷亮さんから、この本の編集者・藤田悠さんをご紹介いただきました。久賀谷さんには心から感謝します。

編集の藤田さんに企画案を送ったのが、ちょうど１年前の２０１７年２月。最初はボツでした。でも、なぜボツなのかが語られている長文の返信メールを繰り返し読むうち、不思議とまた力が湧き上がってきました。「ほかの出版社をあたったら？」とアドバイスしてくれる人もいましたが、なぜか藤田さんにこだわりたく、もう一度企画を練り直して再提出したのがその翌月。藤田さんがいなければ、この本はあり得なかったのは間違いありません。散文のような私の文章を編んで集め、すばらしい一冊につくり上げてくださったこと、心より感謝いたします。

私はどんなに忙しくとも、毎朝一人、聖書を読む時間を大切にしています。神の前に静まり、ほんとうに大切なものに心を集中させます。そんななかで、この本のアイデアは生まれ、育てられ、練り上げられてきました。日本に住んでいない者が、日本の読者の方に向けて本を書くということを謙虚に受け止め、お金の呪縛や不安から解放される人が一人でも多くなりますようにと祈りつつ書きました。

そんな私に寄り添って力強い祈りで支えてくださった、ローリングヒルズカベナント教会の渡邉成実さんと山本愛子さん、サドルバックサウスベイ教会のダーマ縁さん、東京バプテスト教会の高田房子さんにも心から感謝します。迷いそうになるとき、怯むときに、本来の道を見失わず最後まで走り続けられたのはみなさんのおかげです。

人生には、起きているその時々にはよくわからなくても、あとになって振り返ると、それらの点がつながって1つの意味を成すということがあるように思います。この本がそうでした。最後に、ビジョンを私に与え、出会いを用意し、道を開き、知恵を与え、ここまで力強く導いてくださった主のみ名を心からたたえます。

岩崎淳子

Appendix

「資産形成エンジン」を大改造!
4つの家計ビフォー&アフター

本書で学んだ内容をもとに４つのケーススタディを見てみましょう。

相談者❶　安達さん「預金5万円って…ヤバいすか？」

24歳男性（独身）・会社員
世帯年収：251万円
手取り：月15万円
賞与：年31万円

社会人2年目の会社員です。独身なので外食も多くて、友達との交際費もかさんだ結果、預金残高は5万円。この先も貯まりそうな気配はありませんね……。

先日、保険の営業マンから「資産形成にもなる保険」の売り込みを受けまして……。老後のことなんて考えたこともなかったんですが、ウチの会社って、退職金とか年金制度がちょっと頼りないみたいなんですよね。保険って、ぶっちゃけどうなんでしょうか？

現在のバランスシート

資産		負債	
銀行預金 　普通預金	5万円	負債合計	0円
資産合計	5万円	純資産	5万円

＊以下のシミュレーション数値は、過去データをもとに各アロケーションに見込める利回りを想定し、複利計算を行っています。将来の利回りを保証するものではございませんのでご注意ください。

資産形成エンジンを改造!

外食やつきあいなども多く、
費用の区別がはっきりしない。
食費・教養娯楽費・交際費の合計
が42,000円以内に収まるように!
ポイント❶

	BEFORE	➡ AFTER
住居費	55,000円	55,000円
食費	35,000円	25,000円
水道光熱費	8,000円	8,000円
通信費	7,000円	7,000円
自動車関連費		
交通費	2,000円	2,000円
生活日用品費	5,000円	5,000円
被服費	6,000円	6,000円
保険料		
医療費		
教養娯楽費	12,000円	7,000円
理美容費	5,000円	5,000円
交際費	10,000円	10,000円
その他	5,000円	
普通預金		15,000円
iDeCo		5,000円
費用合計	150,000円	150,000円

ポイント❷
100万円を目標額に月15,000円の
預金積立を開始。それを超えた分
とボーナスの5万円分は、
将来への準備金として別途預金!

ポイント❸
最低積立額の月5,000円で
iDeCoの積立を開始!

バランスシートはこうなる！

BEFORE　何も手を打たなかった場合の8年後……

資産		負債	
銀行預金			
普通預金	5万円		
		負債合計	0円
資産合計	5万円	純資産	5万円

AFTER　家計の「改造」をした場合の8年後……

資産		負債	
銀行預金			
普通預金	100万円		
将来資金	129万円		
		負債合計	0円
運用資産			
iDeCo積立金	67万円		
資産合計	296万円	純資産	296万円

まとめ

▶細かい管理は無理でも、大まかな支出予算を組んだことで、ひと月にどれくらいお金を使えるかが意識できるようになりました。その結果、月々20,000円の貯蓄が可能に。

▶iDeCo積立により年間9,000円の節税も実現しています。積立額がまだ少ないので、１つの先進国株式インデックス投信に

絞りました。まだ若いので積極的にリスクを取るのは問題ないでしょう。今後、同シリーズの日本株式やエマージング国株式、債券などのインデックス投信も加えていく予定。

- 勧められていた生命保険は、いろいろと考えた結果、「独身の自分には必要ない」と見送ることにしました。
- 資産形成の土台を 24 歳にして構築できた意義はとても大きいと思います。今後 40 年近くにわたって運用できるわけですから、今後はかなり大きな「複利パワー」を期待できるでしょう。

8年後……（32歳時点）

結婚することになりました！　100万円とは別途に積み立てていた預金（129万円）は結婚資金にします。iDeCoの5,000円積立は、多めにリスクをとったこともあり、48万円の元本が67万円まで増えていました（年平均8%の利回り）。そろそろ積立額を増やしていこうと思います。あのまま家計の見直しをしなかったら、いまごろもきっと「貯金5万円の男」だったでしょうから、結婚も難しかったかもしれません……。ありがとうございました！

相談者❷ 坂東さん「家とかも買いたいんですけど…」

妻（36歳）・夫（36歳）
どちらも会社員の共働き世帯
世帯年収：640万円
手取り：月36万円
賞与：年105万円

半年前に第一子となる娘を出産し、最近、復職したところです。26歳のときに夫婦で1,000万円の終身保険に、また、娘が産まれたのを機に学資保険にも加入しました。老後の資産づくりは、一応、夫が企業型確定拠出年金で元本保証の貯蓄型プランを選んでいますね。あとは、お小遣いの範囲内でのやりくりに気をつけています。2年以内に自宅を購入したいのと、できればもう1人子どもがほしいので、まだまだお金が必要になりそうです。私たち、大丈夫でしょうか？

現在のバランスシート

資産		負債	
銀行預金			
普通預金	320万円		
定期預金	200万円	負債合計	0円
運用資産			
企業型確定拠出年金	96万円		
生命保険解約返戻金（夫）	130万円		
生命保険解約返戻金（妻）	100万円		
学資保険	3.6万円		
資産合計	**849.6万円**	**純資産**	**849.6万円**

資産形成エンジンを改造！

終身保険の保険料（月 45,000 円）がかなりの負担……。思い切って収入保障保険に切り替えた
ポイント❶

学資保険はあまり効率のいい投資でないと判断し解約！
ポイント❷

	BEFORE	➡ AFTER
住居費	100,000円	100,000円
食費	50,000円	50,000円
水道光熱費	20,000円	20,000円
通信費	15,000円	15,000円
保育園費	40,000円	40,000円
生活日用品費	5,000円	5,000円
保険料	45,000円	8,000円
学資保険	15,000円	
お小遣い（夫）	30,000円	30,000円
お小遣い（妻）	30,000円	30,000円
普通預金	10,000円	
マッチング拠出		10,000円
iDeCo（妻）		20,000円
つみたてNISA（夫）		17,000円
つみたてNISA（妻）		15,000円
費用合計	360,000円	360,000円

ポイント❸
すでに十分な預金があるので、毎月の預金積立も中止する

ポイント❹
生命保険・学資保険・預金の見直しで浮いた62,000 円を長期運用に回す！

バランスシートはこうなる!

BEFORE　何も手を打たなかった場合の18年後……

資産		負債	
銀行預金		ローン	
普通預金	220万円	住宅ローン	1,600万円
運用資産			
企業型確定拠出年金	312万円		
生命保険解約返戻金（夫）	415万円		
生命保険解約返戻金（妻）	322万円	**負債合計**	**1,600万円**
学資保険	340万円		
持ち家（時価推定）	2,500万円		
資産合計	**4,109万円**	**純資産**	**2,509万円**

AFTER　家計の「改造」をした場合の18年後……

資産		負債	
銀行預金		ローン	
普通預金	220万円	住宅ローン	1,600万円
運用資産			
企業型確定拠出年金	1,046万円		
生命保険解約返戻金（夫）	152万円		
生命保険解約返戻金（妻）	118万円	**負債合計**	**1,600万円**
iDeCo積立金（妻）	775万円		
つみたてNISA（夫）	310万円		
つみたてNISA（妻）	330万円		
持ち家（時価推定）	2,500万円		
資産合計	**5,451万円**	**純資産**	**3,851万円**

まとめ

▶ 預金は基本生活費＋α（220万円まで）と決め、あとは家の購入費用として別枠で預金。2年後、30年ローンで3,700万円の物件を購入。住宅ローンの完済予定は68歳と遅めですが、

長期投資ができるうちに「資産を増やすこと」を優先しました。

▶終身保険は払済保険に切り替え、返戻金はそのまま据え置き運用。下がった保障額を補うために収入保障保険に加入。

▶学資保険も利回りを計算してメリットがないと判断→解約しました。預金額も十分あるので、月1万円の銀行積立もやめます。見直しのおかげで、長期運用に回せる額は月62,000円に！

▶夫の企業型確定拠出年金プランは、インデックス投信に運用先を切り替え。マッチング拠出制度を利用した月2万円（企業1万円＋自分1万円）の積立で、年18,000円程度の節税。

▶企業年金がない妻は、iDeCoを利用。ターゲットデートファンドに月2万円を積み立てて、年36,000円を節税できました。

▶学資用には夫婦でつみたてNISAを利用。非課税枠を超えないよう、夫は月17,000円、妻は15,000円を積立。子の大学入学年あたりを目がけたターゲットデートファンドで運用。

18年後……（54歳時点）

その後、長男も生まれ、長女はこの春から大学に行きます！学費の高い私立中学・高校に通ったため、つみたてNISAの積立を一時中断しましたが、iDeCoは年平均で6%、つみたてNISAは4%の利回りが出たので、ローン返済をしながらも、金融資産だけで3,000万円近い額が貯まりました。安心して老後を迎えられます。ありがとうございました！

相談者❸　千葉さん「学費がかさんで、老後どころじゃ…」

夫（48歳）：会社員
妻（48歳）：専業主婦
長男（17歳）・長女（14歳）
世帯年収：785万円
手取り：月49万円
賞与：年70万円

長男と長女それぞれ18歳満期で250万円の学資金が出る学資保険に加入していますが、しばらくは学費負担が厳しそうです。住宅ローンは62歳で完済予定ですが、勤め先の退職金には期待できない（60歳退職で1,000万円）ので、65歳までは再雇用制度を利用するつもりです。教育費をカバーしつつ、老後資金もつくりたいのですが……。

現在のバランスシート

資産		負債	
銀行預金		ローン	
普通預金	680万円	住宅ローン	1,500万円
定期預金	200万円		
運用資産			
学資保険（長男）	230万円		
学資保険（長女）	222万円	負債合計	1,500万円
持ち家（時価推定）	2,700万円		
自家用車	100万円		
資産合計	4,132万円	純資産	2,632万円

資産形成エンジンを改造！

ポイント❶
生活費6カ月分＋α（400万円）を残して、残りの預金（480万円）は運用に回す

ポイント❷
月々の支出に関しては変更せず、ただ資産の持ち方を変える

資産		負債	
銀行預金		ローン	
普通預金	200万円	住宅ローン	1,500万円
定期預金	200万円		
運用資産			
学資保険（長男）	230万円		
学資保険（長女）	222万円	負債合計	1,500万円
ETF（NISA）	480万円		
バランスファンド（iDeCo）	14.4万円		
持ち家（時価推定）	2,700万円		
自家用車	100万円		
資産合計	4,146.4万円	純資産	2,646.4万円

ポイント❸
より節税効果が高くなるので、夫のほうのiDeCo口座を利用。企業年金のない会社なので、月1.2万円（年14.4万円）が積立可能

ポイント❹
預金にあった480万円は夫婦のNISA口座でインデックスETFを運用

バランスシートはこうなる!

BEFORE　何も手を打たなかった場合の22年後……

資産		負債	
銀行預金			
普通預金	1,452万円		
持ち家（時価推定）	1,000万円	負債合計	0円
資産合計	**2,452万円**	**純資産**	**2,452万円**

AFTER　家計の「改造」をした場合の22年後……

資産		負債	
銀行預金			
普通預金	200万円		
運用資産		負債合計	0円
ETF（NISAで積み立てた分）	1,032万円		
バランスファンド（iDeCo）	241万円		
ターゲットデートファンド	954万円		
持ち家（時価推定）	1,000万円		
資産合計	**3,427万円**	**純資産**	**3,427万円**

まとめ

- 支出の変更はせず、資産の組み替えだけで資産形成エンジンを改造した例です。
- 880万円の預金があったので、基本生活費と学費のために400万円を確保し、残り480万円は運用資産に。
- 480万円は夫婦それぞれのNISA口座で運用。非課税枠2年分（ちょうど120万円×2人×2年）を使って、世界分散し

たインデックスETFに投資しました。

- 少ない退職金を補うためにiDeCoも開始（年14.4万円の積立）。この積立額分は現状の支出に組み込まれていないので、預金を切り崩すかたちで捻出し、株式比率40%の世界分散バランスファンドで運用します。iDeCoで積立できるのは60歳までですが、それ以降は株式比率20%の同シリーズファンドで継続運用し、70歳まで手をつけないようにします。
- 学資保険の給付金が入り、子どもの学費負担が楽になる52歳から、通常の課税口座でターゲットデートファンドへの積立投資（月8.2万円）も開始。60〜70歳の期間の生活費は、主に年金と退職金1,000万円で賄い、こちらのターゲットデートファンドも70歳までは手つかずにしておきます。

22年後……（70歳時点）

当時、あのまま預金だけにしがみついていたら、きっと不安な老後を過ごすことになったでしょうね。手つかずで運用してきたETFの元本480万円は60歳までは年平均4%、それ以降は3%くらいの利回りが出て、1,032万円まで増えました。52歳ではじめたターゲットデートファンドも954万円まで伸びましたし、iDeCoの241万円もあります。これからは徐々に資産を使いながら、ゆったりと老後を過ごしていきます。ありがとうございました！

相談者❹　土井さん「退職金ってみんなどうしてる…？」

夫（60歳）・妻（60歳）
定年退職した2人暮らし世帯
パート収入（65歳まで）と
年金（63歳から）

今年退職し、退職金2,000万円を受け取りました。子どもはすでに自立していますが、少なくとも65歳まではパート収入を得て、63歳の年金受給開始まで、なるべく資金を減らさず生活できるように目指します。受け取った退職金については、「① 10年後返戻率104％の終身保険」「②銀行の退職金運用プラン（金利7％）」「③すべておまかせで運用してくれるファンドラップ口座」あたりを検討しています。どうすれば、老後資金が枯渇せずに済むでしょうか？

現在のバランスシート

資産		負債	
銀行預金			
普通預金	400万円		
定期預金	700万円		
退職金	2,000万円	負債合計	0円
運用資産			
株式	150万円		
持ち家（時価推定）	2,500万円		
資産合計	**5,750万円**	**純資産**	**5,750万円**

資産形成エンジンを改造!

資産		負債	
銀行預金			
普通預金	300万円		
定期預金	700万円	負債合計	0円
運用資産			
投資信託	2,250万円		
持ち家（時価推定）	2,500万円		
資産合計	5,750万円	純資産	5,750万円

ポイント❶
退職金の 2000 万円・
普通預金の 100 万円・
株式の 150 万円を運用に回す

ポイント❷
運用期間は長くないので、
債券比率を高めにして
インデックス投信で運用

まとめ

▶寿命が伸びているいま、老後でも「お金を運用しながら使っていく」発想が必要になります。近所の FP に相談したところ、インデックス投信で運用する方法を教えてもらいました。退職金に加えて、預金の一部や株式の分も運用に回しました。

▶夫婦のどちらかが亡くなっても、生活はなんとかなるので、終身保険は不要です（しかも、10 年で返戻率 104％は、年利 0.5％以下という低利回り）。銀行の退職金運用プランの「金利 7％」はよく調べると、最初の 3 カ月だけで、手数料も高かったので却下。ファンドラップ口座は魅力的に思えましたが、こちらも手数料が高いので見送りました。

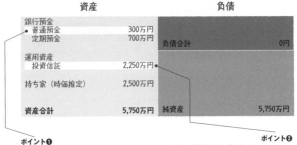

▶運用期間が長くない（＝平均回帰を待てない）ので、低リスク運用のかたちになります。「日本株：先進国株：日本債券：先進国債券＝10：20：35：35」と債券比率を高めに設定し、今後も年齢が上がるにつれて株式比率を下げていきます。

▶為替変動リスクの影響を受けないよう、先進国債券は「為替ヘッジあり」にしました。

▶当面の生活費は預金からカバーし、適宜ポートフォリオから引き出して現金を補充するかたちにします。以上の運用をした場合と何もしなかった場合とで、老後資金がいつまで保つかを比較してみました。結果は以下のとおり（運用利回りについては、60～65歳が3.5%、66～70歳が3%、71～75歳が2.5%、それ以降は2%だったと仮定）。

月々の引出額	資金がいつまで保つか	
	しっかり運用したら…	何もしなかったら…
12万円	91歳まで	82歳半ばまで
11万円	95歳まで	84歳半ばまで
10万円	101歳まで	85歳半ばまで

いろいろな勧誘もあって迷いましたが、老後の運用も基本はインデックス投信なんですね。ありがとうございました！

［著者］
岩崎淳子（いわさき・じゅんこ）
ファイナンシャル・プランナー
米国公認会計士／パーソナル・ファイナンシャル・スペシャリスト（CPA／PFS）
Smart & Responsible代表
上智大学ドイツ語学科を卒業後、NTTに入社。米パデュー大学大学院 経営科学修士。ガートナーなど外資系IT企業にて、マーケティング戦略やアナリスト業務を経験したのち、2000年、夫の転職を機に米バージニア州に移住し、2歳児の子育てと家事を担当する専業主婦へと転身。
大学で工学を教える夫が、家計に関わる余裕がなかったことから、自身の役割を「一家を支えるCFO」と再定義。仕事で培ったリサーチ・分析の能力を武器にしながら、独学でCPAとPFSの資格を取得。
2011年、自身の苦労した体験に基づき、個人向けファイナンシャル・プラニングを行う「Smart & Responsible」を立ち上げ。主婦と専門家の2つの視点から、効率的な家計システム構築のヒントをアドバイスしている。聖書をこよなく愛するクリスチャン。現在、米カリフォルニア州在住。今回が初の著書となる。

◇Smart & Responsible
http://www.smartandresponsible.com

お金が勝手に貯まってしまう
最高の家計

2018年3月22日　第1刷発行

著　者――岩崎淳子
発行所――ダイヤモンド社
〒150-8409　東京都渋谷区神宮前6-12-17
http://www.diamond.co.jp/
電話／03·5778·7234（編集）　03·5778·7240（販売）
装丁――井上新八
製作進行――ダイヤモンド・グラフィック社
印刷――勇進印刷（本文）・加藤文明社（カバー）
製本――ブックアート
編集担当――藤田 悠（y-fujita@diamond.co.jp）

ISBN 978-4-478-10346-3